本書根據廣東省立中山圖書館藏同治八年（1869）刻本影印

西樵歷史文化文獻叢書

南海九江朱氏家譜（一）

（清）朱次琦 朱宗琦 纂修

廣西師範大學出版社
GUANGXI NORMAL UNIVERSITY PRESS
·桂林·

圖書在版編目（CIP）數據

南海九江朱氏家譜 ： 全六册 / （清）朱次琦，（清）朱宗琦纂修. --桂林 ： 廣西師範大學出版社，2020.11
（西樵歷史文化文獻叢書）
ISBN 978-7-5598-3356-3

Ⅰ. ①南… Ⅱ. ①朱…②朱… Ⅲ. ①家譜－史料－佛山－清代 Ⅳ. ①K820.9

中國版本圖書館 CIP 數據核字（2020）第 211290 號

廣西師範大學出版社發行
（廣西桂林市五里店路 9 號　郵政編碼：541004
網址：http://www.bbtpress.com）
出版人：黄軒莊
全國新華書店經銷
廣西廣大印務有限責任公司印刷
（桂林市臨桂區秧塘工業園西城大道北側廣西師範大學出版社集團有限公司創意産業園内　郵政編碼：541199）
開本：880 mm × 1 240 mm　1/32
印張：70.75　　　字數：530 千
2020 年 11 月第 1 版　　2020 年 11 月第 1 次印刷
定價：298.00 元（全六册）

《西樵歷史文化文獻叢書》編輯委員會

叢書總序

温春來　梁耀斌

呈現在讀者面前的，是一套圍繞佛山市南海區西樵鎮編修的叢書。爲一個鎮編一套叢書並不出奇，但爲一個鎮編撰一套多達兩三百種圖書的叢書可能就比較罕見了。編者的想法其實挺簡單，就是要全面整理西樵鎮的歷史文化資源，探索一條發掘地方歷史文化資源的有效途徑。最後編成一套規模巨大的叢書，僅僅因爲非如此不足以呈現西樵鎮深厚而複雜的文化底蘊。叢書編者秉持現代學術理念，並非好大喜功之輩。僅僅爲確定叢書框架與大致書目，編委會就組織七八人，研讀各個版本之西樵方志，通過各種途徑檢索全國各大公藏機構之古籍書目，並多次深入西樵鎮各村開展田野調查，總計歷時六月餘之久。隨着調研的深入，編委會益發感覺到面對着的是一片浩瀚無涯的知識與思想的海洋，於是經過反復討論、磋商，決定根據西樵的實際情況，編修一套有品位、有深度、能在當代樹立典範並能夠傳諸後世的大型叢書。

天下之西樵

明嘉靖初年，浙江著名學者方豪在《西樵書院記》中感慨：『西樵者，天下之西樵，非嶺南之西樵也。』① 此話係因當時著名理學家、一代名臣方獻夫而發，有其特定的語境，但卻在無意之間精當地揭示了西樵在整個中華文明與中國歷史進程中的意義。

西樵鎮位於珠江三角洲腹地的佛山市南海區西南部，北距省城廣州40多公里，以境內之西樵山而得名。西樵山由第三紀古火山噴發而成，山峰石色絢爛如錦。相傳廣州人前往東南羅浮山采樵，謂之東樵，往西面錦石山采樵，謂之西樵，『南粤名山數二樵』之説長期流傳，在廣西俗語中也有『桂林家家曉，廣東數二樵』之句。珠江三角洲平野數百里，西樵山拔地而起於西江、北江之間，面積約14平方公里，中央主峰大科峰海拔340餘米。據説過去大科峰上有觀日臺，雞鳴登臨可觀日出，夜間可看到羊城燈火。如今登上大科峰，一覽山下魚塘河涌縱橫，闤闠閭閻錯落相間，西、北兩江左右爲帶。②

西樵山幽深秀麗，是廣東著名風景區。然而更值得我們注意的，是以她爲核心的一塊僅有100多平方公里的土地，在中國歷史的長時段中，不斷産生出具有標志性意義的文化財富以及能夠成爲某個時代標籤的歷史人物。珠江三角洲是一個發育於海灣内的複合三角洲，其發育包括圍田平原和沙田平原的先後形成過程。西樵山見證了這一過程，並且在這一片廣闊區域的文明起源與演變的歷史中扮演着重要角色。作爲多次噴發後熄滅的古火山丘，組成西樵山山體的岩石種類多樣，其中有華南地區並不多見的霏細岩與燧石，這兩種岩石因石質堅硬等原因，成爲古人類製作石器的理想材料。大約6000年前，當今天的珠江三角洲還是洲潭遍佈、一片汪洋的時候，這一片地域的史前人類，就不約而同地彙集到優質石料蘊藏豐富的西樵山，尋找製造生産工具的原料，留下了大量打製、磨製的雙肩石器和大批有人工打擊痕跡的石片。在著名考古學家賈蘭坡

① 方豪：《棠陵文集》（收入《四庫全書存目叢書》集部第64册），卷3，《記·西樵書院記》。

② 參見曾騏《珠江文明的燈塔——南海西樵山考古遺址》，廣州：中山大學出版社，1995年。

先生看來，當時的西樵山是我國南方最大規模的採石場和新石器製造基地，北方只有山西鵝毛口能與之比肩，因此把它們並列爲中國新石器時代南北兩大石器製造場①，並率先提出了考古學意義上的『西樵山文化』②。以霏細岩雙肩石器爲代表的西樵山石器製造品在珠三角的廣泛分佈，意味着該地區『出現了社會分工與產品交换』③，這些凝聚着人類早期智慧的工具，指引了嶺南農業文明時代的到來，所以有學者將西樵山形象地比喻爲『珠江文明的燈塔』④。除珠江三角洲外，以霏細岩爲原料的西樵山雙肩石器，還廣泛發現於粵西、廣西及東南亞半島的新石器至青銅時期遺址，顯示出瀕臨大海的西樵古遺址，不但是新石器時代南中國文明的一個象徵，而且其影響與意義還可以放到東南亞文明的範圍中去理解。

不過，文字所載的西樵歷史並没有考古文化那麽久遠。儘管在當地人的歷史記憶中，南越王趙佗陪同漢朝使臣陸賈游山、唐末曹松推廣種茶、南漢開國皇帝之兄劉隱宴遊是很重要的事件，但在留存於世的文獻系統中，西樵作爲重要的書寫對象出現要晚至明代中葉，這與珠江三角洲在經濟、文化上的崛起是一脈相承的。當時，著名理學家湛若水、霍韜以及西樵人方獻夫等在西樵山分别建立了書院，長期在此讀書、講學，他們的許多思想產生或闡釋於西樵的山水之間，例如湛若水在西樵設教，門人記其所言，是爲《樵語》。方獻夫在《西樵遺稿》中談到了他與湛、霍二人在西樵切磋學問的情景：『三（書）院鼎峙，予三人常來往，講學其

① 賈蘭坡、尤玉柱：《山西懷仁鵝毛口石器製造場遺址》，《考古學報》，1973年第2期。
② 賈蘭坡：《廣東地區古人類學及考古學研究的未來希望》，《理論與實踐》，1960年第3期。
③ 楊式挺：《試論西樵山文化》，《考古學報》，1985年第1期。
④ 曾騏：《珠江文明的燈塔——南海西樵山考古遺址》，第30—42頁。

間，藏修十餘年。』① 王陽明對三人的論學非常期許，希望他們珍惜機會，時時相聚，爲後世儒林留下千古佳話，他致信湛若水時稱：『叔賢（即方獻夫）志節遠出流俗，渭先（即霍韜）雖未久處，一見知爲忠信之士，乃聞不時一相見，何耶？英賢之生，何幸同時共地，又可虛度光陰，容易失卻此大機會，是使後人而復惜後人也！』② 西樵山與作爲明代思想與學術主流的理學之關係，意味着她已成爲一座具有全國性意義的人文名山，這正是方豪『天下之西樵』的涵義。清人劉子秀亦云：『當湛子講席，五方問業雲集，山中大科之名，幾與嶽麓、白鹿鼎峙，故西樵遂稱道學之山。』③ 方豪同時還稱：『西樵者，非天下之西樵，天下後世之西樵也。』一語道出了人文西樵所具有的長久生命力。這一點方豪也没有説錯，除上述幾位理學家外，從明中葉迄今，還有衆多知名學者與文章大家，諸如陳白沙、李孔修、龐嵩、何維柏、戚繼光、郭棐、葉春及、李待問、屈大均、袁枚、李調元、温汝適、朱次琦、康有爲、丘逢甲、郭沫若、董必武、秦牧、賀敬之、趙樸初等等，留下了吟詠西樵山的詩、文，今天我們走進西樵山，還可發現 140 多處摩崖石刻，主要分佈在翠岩、九龍岩、金鼠塱、白雲洞等處。與西樵成爲嶺南人文的景觀象徵相應的是山志編修。嘉靖年間，湛若水弟子周學心編纂了最早的《西樵山志》，萬曆年間，霍韜從孫霍尚守以周氏《樵志》『誇誕失實』之故而再修《西樵山志》，清初羅國器又加以重修，這三部方志已佚失，我們今天能看到的是乾隆初年西樵人士馬符録留下的志書。除山志外，直接以西樵山爲主題的書籍尚有成書於清乾隆年間的《西樵遊覽記》、道光年間的《西樵白雲洞志》、光緒年間的《紀遊西樵山記》等。

---

① 方獻夫：《西樵遺稿》，康熙三十五年（1696）方林鶴重刊本，卷 6，《石泉書院記》。
② 王陽明：《王文成全書》，四庫本，卷 4，《文録・書一・答甘泉二》。
③ 劉子秀：《西樵遊覽記》，道光十三年（1833）補刊本，卷 2，《圖説》。

晚清以降，西樵山及其周邊地區（主要是今天西樵鎮範圍）產生了一批在思想、藝術、實業、學術、武術等方面走在中國最前沿的人物，成爲中國走向近代的一個縮影。維新變法領袖康有爲、一代武術宗師黄飛鴻、民族工業先驅陳啟沅、『中國近代工程之父』詹天佑、清末出洋考察五大臣之一的戴鴻慈、『嶺南第一才女』冼玉清、粤劇大師任劍輝等西樵鄉賢，都成爲具有標志性或象徵性的歷史人物。

事實上，明代諸理學家講學時期的西樵山，已非與世隔絶的修身之地，而是與整個珠江三角洲的開發聯繫在一起的。西樵鎮地處西、北江航道流經地域，是典型的嶺南水鄉，境内河網交錯，河涌多達19條，總長度120多公里，將鎮内各村聯成一片，並可外達佛山、廣州等地。①傳統時期，西樵的許多墟市，正是在這些水邊興起的。今鎮政府所在地官山，在正德、嘉靖年間已發展成爲觀（官）山市，是爲西樵有據可查的第一個墟市。據統計，明清時期，全境共有墟市78個。②西樵山上的石材、茶葉可通過水路和墟市，滿足遠近各方的需求。一直到晚清之前，茶業在西樵都堪稱舉足輕重，清人稱『樵茶甲南海，山民以茶爲業，鬻茶而舉火者萬家』③。當年山上主要的採石地點，後由於地下水浸漫而放棄的石燕岩洞，因生產遺跡完整且水陸結合而受到考古學界重視，成爲繼原始石器製造場之後的又一重大考古遺址。

水網縱横的環境使得珠江三角洲堤圍遍佈，西樵山剛好地處横跨南海、順德兩地的著名大型堤圍——桑園圍中，而且是桑園圍形成的地理基礎之一。歷史時期，西、北江的沙泥沿着西樵山和龍江山、錦屏山等海灣中島嶼或丘陵臺地旁邊逐漸沉積下來。宋代珠江三角洲沖積加快，人們開始零零星星地修築一些『秋欄基』

① 《南海市西樵山旅遊度假區志》，廣州：廣東人民出版社，2009年，第188—192頁。
② 《南海市西樵山旅遊度假區志》，第393頁。
③ 劉子秀：《西樵遊覽記》，卷10，《名賢》。

以阻擋潮水對田地的浸泛，這就是桑園圍修築的起因。[1] 明清時期在桑園圍内發展起了著名的果基、桑基魚塘，使這裡成爲珠江三角洲最爲繁庶之地。不難想象僅僅在幾十年前，西樵山還是被簇擁在一望無涯的桑林魚塘間的景象。如今桑林雖已大都變爲菜地、道路和樓房，但從西樵山山南路下山，走到半山腰放眼望去，尚可看見數萬畝連片的魚塘，這片魚塘現已被評爲聯合國教科文組織保護單位，是珠三角地區面積最大、保護最好、最爲完整的（桑基）魚塘之一。

桑基魚塘在明清時期達於鼎盛，成爲珠三角經濟崛起的一個重要標志，與此相伴生的，是另一個重要産業——繅絲與紡織的興盛。聯繫到這段歷史，由西樵人陳啟沅在自己的家鄉來建立中國第一家近代機器繅絲廠就在情理之中了。開廠之初，陳啟沅招聘的工人，大都來自今西樵鎮的簡村與吉水村一帶，而陳啟沅本人，也深深介入到了西樵的地方事務之中。[2] 從這個層面上看，把西樵視爲近代民族工業的起源地或許並非溢美之辭。但傳統繅絲的從業者數量仍然龐大，據光緒年間南海知縣徐賡陛的描述，當時西樵一帶以紡織爲業的機工有三四萬人。[3] 作爲産生了黄飛鴻這樣深具符號性意義的南拳名家的西樵，武術風氣濃厚，機工們大都習武，並且圍繞錦綸堂組織起來，形成了令官府感到威脅的力量。民國初年，西樵民樂村的程姓村民，對原來只能織單一平紋紗的織機進行改革，運用起綜的小提花和人力扯花方法，發明了馬鞍絲織提花絞綜，首創具有扭眼通花團的新品種——香雲紗，開創莨紗綢類絲織先河。香雲紗輕薄柔軟而富有身骨，深受廣州、上海、南京等地富人喜歡，在歐洲也被視爲珍品。上世紀二三十年代是香雲紗發展的黄金時期，如民樂林村

① 曾少卓：《桑園圍自然背景的變化》，中國水利學會等編《桑園圍暨珠江三角洲水利史討論會論文集》，廣州：廣東科技出版社，1992年，第51頁。

② 陳天傑、陳秋桐：《廣東第一間蒸汽繅絲廠繼昌隆及其創辦人陳啟沅》，載《中華文史資料文庫》第12卷《經濟工商編》，北京：中國文史出版社，1996年，第784—787頁。

③ 徐賡陛：《辦理學堂鄉情形第二稟》，載《皇朝經世文續編》，近代中國史料叢刊本，卷83，《兵政・剿匪下》。

程家一族600人，除1人務農之外，均以織紗爲業。① 隨着化纖織物的興起，香雲紗因工藝繁複、生產週期長等原因失去了競争力，但作爲重要的非物質文化遺産受到保護。西樵不僅在中國近代紡織史上地位顯赫，而且其影響一直延續至今。1998年，中國第一家紡織工程技術研發中心在西樵建成。2002年12月，中國紡織工業協會授予西樵『中國面料名鎮』稱號。② 2004年，西樵成爲全國首個紡織産業升級示範區，國家級紡織檢測研發機構相繼進駐，紡織産業創新平臺不斷完善。③ 據不完全統計，西樵整個紡織行業每年開發的新産品有上萬個。④

除上文提及的武術、香雲紗工藝外，更多的西樵非物質文化遺産是各種信仰與儀式。西樵信仰日衆多，其中較著名者有觀音開庫、觀音誕、大仙誕、北帝誕、師傅誕、婆娘誕、土地誕、龍母誕等。據統計，全鎮共擁有105處民間信仰場所，其中除去建築時間不詳者，可以明確斷代的，建於宋代的有3所，即百西村六祖廟、西邊三帝廟、牌樓周爺廟；建於元明間的有1所，即河溪北帝廟；建於明代的有2所，分别是百西村北帝祖廟和百西村洪聖廟；建於清代的廟宇有28所；其餘要麽是建於民國，要麽是改革開放後重建，真正的新建信仰場所寥寥無幾。⑤ 除神廟外，西樵的每個自然村落中都分佈着數量不等的祠堂，相較於西樵山上的那些理

① 《南海市西樵山旅遊度假區志》，第323頁。
② 《南海市西樵山旅遊度假區志》，第303—304頁。
③ 《西樵紡織行業加快自主創新能力》，見中國紡織工業協會主辦、中國紡織信息中心承辦之『中國紡織工業信息網』，http://news.ctei.gov.cn/zxzx—lmxx/12495.htm。
④ 《開發創新走向國際　西樵紡織企業年開發新品上萬個》，見中國紡織工業協會主辦、中國紡織信息中心承辦之『中國紡織工業信息網』，http://news.ctei.gov.cn/zxzx—lmxx/12496.htm。
⑤ 梁耀斌：《廣東省佛山市西樵鎮民間信仰的現狀與管理研究》，中山大學2011年碩士學位論文。

學聖地，神靈與祖先無疑更貼近普通百姓的生活。西樵的一些神靈信仰日，如觀音誕、大仙誕，影響遠及珠江三角洲許多地區乃至香港，每年都吸引數十萬人前來朝聖。

傳統文化的基礎工程

上文對西樵的一些初步勾勒，揭示了嶺南歷史與文化的幾個重要面相。進而言之，從整個中華文明與中國歷史進程的角度去看，西樵在不同時期所産生的文化財富與歷史人物，或者具有全國性意義，或者可以放在中華文明統一性與多元化的辯證中去理解，正所謂『西樵者，天下之西樵，非嶺南之西樵也』。不吝人力與物力，將博大精深的西樵文化遺産全面發掘、整理並呈現出來，是當代西樵各界人士以及有志於推動嶺南地方文化建設的學者們的共同責任。這決定了《西樵歷史文化文獻叢書》不是一個簡單的跟風行爲，也不是一個隨便的權宜之計。叢書是展現給世界看的，也是展現給未來看的，我們力圖把這片浩瀚無涯的知識寶庫呈現於世人之前，我們更希望，過了很多年之後，西樵的子孫們，仍然能夠爲這套叢書而感到驕傲，所有對嶺南歷史與文化感興趣的人們，能夠感激這套叢書爲他們做了非常重要的資料積纍。根據這一指導思想，經過反復討論，編委會確定了叢書的基本内容與收録原則，其詳可參見叢書之『編撰凡例』，在此僅作如下補充説明。

叢書尚在方案論證階段，許多知情者就已半開玩笑半認真地名之爲『西樵版四庫全書』，這個有趣的概括非常切合我們對叢書品位的追求，且頗具宣傳效應，是對我們的一種理解和鼓舞。但較之四庫全書編修的時代，當代人對文化與學術的理解顯然更具多元性與平民情懷，那個時代有資格列入『四庫』的，主要是知識精英們創造的文字資料，我們固然會以窮搜極討的態度，不遺餘力地搜集這類資料，但我們同樣重視尋常百姓書寫的文獻，諸如家譜、契約、書信等等，它們現在大都散存於民間，保存狀況非常糟糕，如果不及時搜集，就會逐漸毁損消亡。

能夠體現叢書編者的現代意識的，還有邀請相關領域的專業人士以遵循學術規範爲前提，通過深入田野調查撰寫的描述物質文化遺産、非物質文化遺産的作品。這兩部分内容加上各種歷史文獻，構成了完整的地方傳統文化資源。目前不管是學術界還是地方政府，均尚未有意識地根據這三大類别，對某個地域的傳統文化展開全面系統的發掘、整理與出版工作。在這個意義上，《西樵歷史文化文獻叢書》無疑具有較大開拓性、前瞻性與示範性。叢書編者進而提出了『傳統文化的基礎工程』這一概念，意即拋棄任何功利性的想法，扎扎實實地將地方傳統文化全面發掘並呈現出來，形成能夠促進學術積累並能夠傳諸後世的資料寶庫，在真正體現出一個地方的文化深度與品位的同時，爲相關的文化産業開發提供堅實基礎。希望《西樵歷史文化文獻叢書》的推出，在這個方面能産生積極影響。

高校與地方政府合作的成果

西樵人文底藴深厚，這是叢書能夠編撰的基礎；西樵鎮地處繁華的珠江三角洲，則使得叢書編撰有了充足的物質保障。然而，這樣浩大的文化工程能夠實施，光憑天時、地利是不夠的，一群志同道合的有心者所表現出來的『人和』也是非常關鍵的因素。

2009年底，西樵鎮黨委和政府就有了整理、出版西樵文獻的想法，次年1月，鎮黨委書記邀請了中山大學歷史學系幾位教授專程到西樵討論此事。通過幾天的考察與交流，幾位鎮領導與中大學者一致認定，以現代學術理念爲指導，爲了全面呈現西樵文化，必須將文獻作者的範圍從精英層面擴展到普通百姓，並且應將物質文化遺産與非物質文化遺産的内容也包括進來，形成一套《西樵歷史文化文獻叢書》。爲了慎重起見，決定由中大歷史學系幾位教授組織力量進行先期調研，確定叢書編撰的可行性與規模。經過6個多月的努力，調研組將成果提交給西樵鎮黨委，由相關領導與學者坐下來反復討論、修改、再討論……，並廣泛徵求西樵地方文化人士的意見，與他們進行座談。歷時兩個多月，逐漸擬定了叢書的編撰凡例與大致書目，並彙報給南海區委、區政府與中山大學校方，得到了高度重視與支持。2010年9月底，簽定了合作協議，組成了《西樵歷史文化文獻叢書》編輯委員會，決定由西樵鎮政府出資並負責協調與聯絡，由中山大學相關學者牽頭，組織研究力量具體實施叢書的編撰工作。

值得一提的是，《西樵歷史文化文獻叢書》是近年來中山大學與南海區政府廣泛合作的重要成果之一，並爲雙方更深入地進行文化領域的合作打下了堅實基礎。2011年6月，中山大學與南海區政府決定在西樵山共建『中山大學嶺南文化研究院』，康有爲當年讀書的三湖書院，經重修後將作爲研究院的辦公場所與教學、研究基地。嶺南文化研究院秉持高水準、國際化、開放式的發展定位，將集科學研究、教學、學術交流、服務地方爲一體，力爭建設成爲在國際上有較大影響的嶺南文化研究中心、資料信息中心、學術交流中心、人才培養基地。研究院的成立，是對西樵作爲嶺南文化精粹所在及其在中華文明史中的地位的肯定，編撰《西樵歷史文化文獻叢書》也順理成章地成爲研究院目前最重要的工作之一。

在已超越温飽階段，人民普遍有更高層次追求，同時市場意識又已深入人心的中國當代社會，傳統文化迎來了新一輪的復興態勢。這對地方政府與學術界都是新的機遇，同時也產生了值得思考的問題：如何在直接的經濟利益與謹嚴求真的文化研究之間尋求平衡？我們是追求短期的物質收穫還是長期的區域形象？當各地都在弘揚自己的文化之際，如何將本地的文化建設得具有更大的氣魄和胸襟？《西樵歷史文化文獻叢書》或許可以視爲對這些見仁見智問題的一種回答。

叢書編撰凡例

一、本叢書的『西樵』指的是以今廣東省佛山市南海區西樵鎮爲核心、以文獻形成時的西樵地域概念爲範圍的區域，如今日之丹灶、九江、吉利、龍津、沙頭等地，均根據歷史情況具體處理。

二、本叢書旨在全面發掘並弘揚西樵歷史文化，其基本内容分爲三大類别：（1）歷史文獻（如志乘、家乘、鄉賢寓賢之論著、金石、檔案、民間文書以及紀念鄉賢寓賢之著述等）；（2）非物質文化遺産（如口述史、傳説、民謡與民諺、民俗與民間信仰、生産技藝等）；（3）自然與物質文化遺産（如地貌、景觀、遺址、建築等）。擴展内容分爲兩大類别：（1）有關西樵文化的研究論著；（2）有關西樵的通俗讀物。出版時，分别以《西樵歷史文化文獻叢書·歷史文獻系列》、《西樵歷史文化文獻叢書·非物質文化遺産系列》、《西樵歷史文化文獻叢書·自然與物質文化遺産系列》、《西樵歷史文化文獻叢書·研究論著系列》、《西樵歷史文化文獻叢書·通俗讀物系列》命名。

三、本叢書收録之歷史文獻，其作者應已有蓋棺定論（即於2010年1月1日之前謝世）；如作者爲鄉賢，則其出生地應屬於當時的西樵區域；如作者爲寓賢，則作者曾生活於當時的西樵區域内。

四、鄉賢著述，不論其内容是否直接涉及西樵，但凡該著作具有文化文獻價值，可代表西樵人之文化成就，即收録之；寓賢著述，但凡作者因在西樵活動而有相當知名度且在中國文化史上有一席之地，則其著述内容無論是否與西樵有關，亦收録之；非鄉賢及寓賢之著述，凡較多涉及當時的西樵區域之歷史、文化、景觀者，亦予收録。

五、本叢書所收録紀念鄉賢之論著，遵行本凡例第三條所定之蓋棺定論原則及第一條所定之地域限定，且叢書編者只搜集留存於世的相關紀念文字，不爲鄉賢新撰回憶與懷念文章。

六、本叢書收録之志乘，除此次編修叢書時新編之外，均編修於1949年之前。

七、本叢書收録之家乘，均編修於1949年之前，如係新中國成立後的新修譜，可視情況選擇譜序予以結集出版。地域上，以2010年1月1日之西樵行政區域爲重點，如歷史上屬於西樵地區的百姓願將族譜收入本叢書，亦從其願。

八、本叢書收録之金石、檔案和民間文書，均産生於1949年之前，且其存在地點或作者屬於當時之西樵區域。

九、本叢書整理收録之西樵非物質文化遺産，地域上以2010年1月1日之西樵行政區域爲準，内容包括傳説、民謡、民諺、民俗、信仰、儀式、生産技藝及各行業各戰綫代表人物的口述史等，由專業人員在系統、深入的田野工作基礎上，遵循相關學術規範撰述而成。

十、本叢書整理收録之西樵自然與物質文化遺産，地域上以2010年1月1日之西樵行政區域爲準，由專業人員在深入考察的基礎上，遵循相關學術規範撰述而成。

十一、本叢書之研究论著系列，主要收録研究西樵的專著與單篇論文，以及國内外知名大學的相關博士、碩士論文，由叢書編輯委員會邀請相關專家及高校合作收集整理或撰寫而成。

十二、本叢書組織相關人士，就西樵文化撰寫切合實際且具有較強可讀性和宣傳力度的作品，形成本叢書之通俗讀物系列。

十三、本叢書視文獻性質採取不同編輯方法。原文獻係綫裝古籍或契約者，影印出版，並視情況添加評介、題注、附録等；如係碑刻，採用拓片或照片加文字等方式，並添加説明；如爲民國及之後印行的文獻，或影印出版，或重新録入排版，並視情況補充相關資料；新編書籍採用簡體横排方式。

十四、本叢書撰有《西樵歷史文化文獻叢書書目提要》一册。

總目

評介

王洪

家譜一帙，清朱次琦、朱宗琦纂修，是譜爲《廣東南海九江朱氏家譜》。纂修譜牒時，朱次琦監修，朱宗琦纂修。朱次琦，字稚圭，一字子襄，道光丁未（1847）進士，署山西襄陵縣知縣，光緒辛巳（1881）賜五品京卿銜，宣付國史館列傳，有詩文集九卷①。又『朱次琦，字浩虔，一字子襄，號稚圭，九江太平約人』②，不管记载之中如何错讹，但其講明正學，身體力行③，且『生平論學平實敦大，嘗論漢之學，鄭康成集之，宋之學，朱子集之，朱子又即漢學而精之者也……一時咸推爲人倫師表云』④，爲朱氏十五世孫。譜牒開篇，即爲朱次琦所作的序，提及（朱次琦）署『賜同進士出身，前署山西襄陵縣知縣，告假在籍』⑤，在序中對于一家『譜牒之學，史學也』的論述，直接簡明扼要地表明了其譜學思想。朱宗琦，『增貢生雙月選用儒學訓導』⑥，

① （清）孫雄輯：《道咸同光四朝詩史》甲集卷二，清宣統二年刻本。
② （民國）余鳳聲修，朱汝珍纂：《清遠縣志》卷一，民國二十六年鉛印本。
③ （清）朱壽明撰：《東華續録（光緒朝）》光緒四十二，清宣統元年上海集成圖書館公司本。
④ （民國）趙爾巽撰：《清史稿》列傳二百六十七，民國十七年清史館本。
⑤ （清）朱宗琦纂修：《九江朱氏家譜》卷一，清同治八年刻本。
⑥ （清）朱宗琦纂修：《九江朱氏家譜》卷一，清同治八年刻本。

『號宜城，九江堡儒林鄉人。父成發，伯兄士琦……叔兄次琦，即學者所稱九江先生也，別有傳。宗琦生而穎敏，才識膽量過人，聲如洪鐘，以經學取進邑庠補增生，然困于科舉，屢荐不售，四十後乃喟然曰：「窮達命也。」遂淡然不復求舉，而于鄉里善事皆竭力任之，不避艱』①。由此觀之，家譜的纂修，既有任『鄉里善事』的地方族人，也有『人倫師表』的進士，或因族中各人影響，這種家譜的編撰方式，常被後人效仿。②

一、内容簡介

是譜傾力刊行于同治八年（1869），白口單魚尾，左右雙邊，每半頁十一行，行二十一字，上刻書名，版心刻目録，下刻卷數，共十二卷。分宗支譜、恩荣譜、祠宇譜、墓域、藝文譜、家譜傳、杂録譜等，内容囊括各房居址宗圖，進士舉人名録，并有坊表第宅等。譜中对事件因果，多有引文考证和举例说明。正如《清遠縣志》之中所載：

今凡諸書，相同者，備注于句下。原文太長者，節録于行中。其意同語异者，則隨文附注之，使其語意貫

---

① （清）鄭蘷修，桂坫纂：《南海縣志》卷十九，清宣統二年刊本。

② 時人學者對朱次琦的評價都很高，朱次琦『遵古制』的思想對他的學生也頗有影響。如《東莞縣志》載：（王）樹忠，原名枬，字楚生，光緒甲辰進士，直隸即用知縣。荃字鼎蒓，虎門寨人。少遊九江朱次琦門，居喪執禮，悉遵古制。由此觀之，『悉遵古制』的思想，頗有影響力。這或許與後來康有爲『維新變法』的思想也有關係，但此文僅作猜想。不可否認的是，此家譜確有助于研究。詳見（民國）葉覺邁修，陳伯陶纂《東莞縣志》卷七十三，民國十年鉛印。

通，以免全引各書之冗。其直引原文者，則注明書目。其節録大意者，則注見某書。其販引亡書者，則注某書引某書。其諸書互异者，則注某書，作某字。其舊表所無者，則注據某説補入。其舊表錯漏者，則注據某書修正。查凡例，有注者，以朱次琦之譜例爲最。①

由此可見《廣東南海九江朱氏家譜》在行文之中注重考據，度傳説，載歷史，堪比『九江鄉志』。關于朱氏起源，民間有言曰：『言李必隴西，言張必清河，言黄必江夏，言朱必沛國。』九江朱氏認爲：

度宗咸淳末，保昌民因事移徙，有諱元龍者，與弟元鳳、元虎浮桴南下，散居九江上沙及清遠潖江鐵頭岡、新會水尾等處，而九江上沙，乃元龍公之族也。九江于鄉屬南海，或相傳公抵南海，僑居邑東，偏太艮（太艮後更名大良，明景泰三年析置順德縣，遂爲縣治），定宅九江，厥墓在焉，是爲上沙始遷之祖。②

朱春林所撰《沛國世紀》中説『據朱氏家譜朱次琦跋，沛國世紀一卷，上沙朱氏始祖獻謀府君，下十二世文學太生先生，纂曰：「沛國世紀者，蓋仿唐盧藏，用范陽家志之例，舉郡望也」』③。關于珠三角地區最爲普

① （民國）余鳳聲修，朱汝珍纂：《清遠縣志》卷一，民國二十六年鉛印本。
② （清）朱宗琦纂修：《九江朱氏家譜》卷一，清同治八年刻本。
③ （清）鄭夔修，桂坫纂：《南海縣志》卷十一，清宣統二年刊本。

遍的『胡妃之禍』的傳説，該譜認爲『此事亦載《齊東野語》《咸淳遺事》，而《咸淳遺事》較詳』，故而『附録』于後，并引《廣東新語》考异『吾廣故家望族，其先多從南雄珠璣巷而來』的傳説。①

該譜卷一載宗支譜，姓族源流。卷二載始祖子議。后録顒觀房所屬支派二世至十九世，以及世系中『據本墓碑』『采訪』等。卷三録存著房所屬支派二世至十八世。世系表每半頁四代，每人名后注其字、號與配偶，后引出下一代。如有出繼，則僅記出繼某人/户，如『啓雲出繼翰』。有功名者，如庠生，后增考據，若無考據，另記之。如永顯，『字耀忠，號恪元，庠生，配明氏，謹按恪元公庠生，舊譜失考據』。如果據『傳説』有子，但后來没有找到這一支派，也會詳細記載，并記舊譜失考據。如果喪偶，記配某氏，繼某氏，庶某氏。如『尚嵩，字仰謙，號朝軒，配明氏，繼關氏，庶關氏』②，不記載詳細時間。如有出繼或外出，也詳細記載。『義變』與『世絶無屬』單列記載于譜圖后。卷四録繹思房屬支派二世至十三世。卷五譜系録繹思房所屬支派十三世至十八世，后附『居址圖』，以每格方一里的比例尺，附九江堡圖、九江西方圖、九江北方圖、西方族姓居址圖。

卷六記『恩榮譜』：『制誥』『進士』『乙榜進士』『舉人』『貢生』『仕宦』『薦辟』『封廕』『國學』『恩例』『冠帶頂戴』『旌節』『待旌節婦附』『耆壽壽婦附』等。在記載宅址時如此描述道：『宅亦附于

①（清）朱宗琦纂修：《九江朱氏家譜》卷一，清同治八年刻本。
②（清）朱宗琦纂修：《九江朱氏家譜》卷五，清同治八年刻本。

篇，俾我子孫知報國，所以承家，是桓榮陳賜物魯公勒世恩之遺意也，夫作恩榮譜。』① 卷七所載，涵蓋祠堂（含祖祠孔安堂）、第宅、園亭等名目，并與《九江鄉志》等相互佐證，詳細記載建設坐落方位，廟制祭儀等。卷八、卷九載墳塋譜，含墓域，并佐以碑文、舊譜等，并有關于古禮與喪葬禮制的討論。另外，卷九也附有外祖墓。卷十記藝文，分爲經史子集四部。卷十一載家傳譜，卷十二爲雜録。

二、史學與文獻價值

已經有很多學者論述涉及朱次琦的文學、譜學思想，并有諸多研究。張紋華在《朱次琦研究》一書對《廣東南海九江朱氏家譜》的研究較爲詳盡。張紋華指出，朱次琦在家譜之中，對七譜排序緣由、對不同的編纂内容，都提出了相應的編纂和撰寫原則②。如宗支譜：其一是首辨族姓源流，并以尊古例爲指導思想；其二是譜必有圖，旁行斜上；其三是圖必分房，圖皆有名，并將一至四世置于同一版面等。③ 此外包括恩榮譜、祠宇譜、墳塋譜、藝文譜、家傳譜、雜録譜等，也都提出了相應的編撰原則。④ 如在藝文譜之中，朱次琦

① （清）朱宗琦纂修：《九江朱氏家譜》卷六，清同治八年刻本。
② 張紋華：《朱次琦研究》，廣州：廣東高等教育出版社，2012年，第161頁。
③ 張紋華：《朱次琦研究》，廣州：廣東高等教育出版社，2012年，第161—162頁。
④ 張紋華總結爲『四不從』原則等，詳細可參考張紋華《朱次琦研究》，廣州：廣東高等教育出版社，2012年，第161—164頁。

云：『論人以蓋棺而定譚，藝亦以歿世而公，故宜遠師，選體不録生存。』① 這種體例被後人繼續遵循，《清遠縣志》又引《廣東南海九江朱氏家譜》，以此例作爲編寫藝文志的循例。② 張紋華描述《廣東南海九江朱氏家譜》文獻價值時説道：

《南海九江朱氏家譜》作爲廣東南海九江朱氏家族的第三本譜書，『信而有徵』的實證精神使文獻補正成爲其一個標志性的價值。如果説，這是繼往之功，那麽，《南海九江朱氏家譜》以豐富、翔實的文獻著録成爲日後編纂《九江儒林鄉志》《南海九江鎮志》的文獻來源，則是其開創性的成就。③

正如上文所提，其注釋考辨，後來多爲諸多地方志所引，也成爲後人編纂族譜的一大循例。另外，正如譜中對『宗祠譜』的記載一般，考據詳實。如：

僅按禮文，則性夫公、正夫公，蓋繼禰之小宗也，釋者謂别子之次子，以其長子繼。已爲小宗，而其父同兄弟宗之也，故亦可稱宗祠。

① （清）朱宗琦纂修：《九江朱氏家譜》卷十，清同治八年刻本。
② （民國）余鳳聲修，朱汝珍纂：《清遠縣志》卷一，民國二十六年鉛印本。
③ 張紋華：《朱次琦研究》，廣州：廣東高等教育出版社，2012年，第177頁。

又按《文獻通考》，憲宗元和七年十一月，太子少傅判太常卿事，鄭餘慶建立私廟，將祔四代神，主廟有二夫人疑于祔配，請禮院詳定修撰，官太學博士韋公肅議曰：『古諸侯一娶九女，所以明朝無二適，自秦漢以下不行此禮，遂有再娶之説，前娶后繼，并是正適，則皆祔之義與禮無嫌。』①

由此觀之，《廣東南海九江朱氏家譜》之中，譜例、禮儀、歷史文獻等都有很高的研究價值。此外，我們還可以就此家譜，窺視九江地區的建設與發展過程。張紋華認爲，此譜對于研究廣東南海九江地域文化的發展進程頗有幫助。如了解朱氏對九江的建設，表現就有建橋樑，建築堤圍和立牌坊等。同時，也可窺探士紳對地方社會整合所起到的積極作用，如上文所引之正夫公等人救災振貧。另外，亦有助于對朱次琦研究的深化。②

除張紋華所談及之研究價值之外，我們亦可以就此探討士紳對地方社會的重塑及其影響，也可以重新審視九江地方社會的家族邊界與紛爭。查家譜，我們可以看到，朱氏墳塋譜之中記載，祖上部分墳塋埋在新會，后多劃歸鶴山。鶴山縣建縣于雍正年間，因珠三角地區多是沙田堤圍，鶴山多山地丘陵的地形地貌，使得在此山居開墾的百姓常常被冠之以『猺民』或『疍民』等族類標簽。因此，我們可以就《廣東南海九江朱氏

① （清）朱宗琦纂修：《九江朱氏家譜》卷七，清同治八年刻本。
② 張紋華：《朱次琦研究》，廣州：廣東高等教育出版社，2012年，第177—180頁。

家譜》之中的碑文等文獻，深化對鶴山地區社會變遷的研究。

結　語

《南海九江朱氏家譜》有北京圖書館出版社于2000年出版的《北京圖書館藏家譜叢刊》閩粤（僑鄉）卷收録本，有國家圖書館地方志家譜文獻中心編纂、北京燕山出版社于2006年出版的《清代民國名人家譜選刊》收録本等各版本。朱次琦一生撰寫著作頗多，但傳世者寥寥，而此本家譜是爲其中傳世佳作之一。從朱宗琦等其餘編撰者的角度來看，對深化地方士紳研究也有很大的啓發。朱宗琦一生求學應試，終不舉，四十後才放弃應試。編修家譜時，朱宗琦却單獨落名于譜牒首頁，可見家譜的『地方性』，反觀之，也可以知道朱宗琦在地方上的影響力①。家譜之中對宗祠的建立，家譜的編纂等論述頗爲豐富，相當部分内容可與《桑園圍總志》等歷史文獻相互補證，對沙田開發，區域社會史等有很大的學術研究價值。簡而言之，《南海九江朱氏家譜》是一本研究九江及鶴山等周邊地區社會歷史文化不可或缺的家譜，同時也是研究九江文學不可回避的譜書之一。

① 在地方沙田開發之中，常見朱宗琦等人的記録，朱宗琦等人在地方社會經濟開發過程之中的作用可見一斑。詳細可參見（清）明之綱、盧維球《桑園圍總志》，同治九年刻本。

南海九江朱氏家譜

十二卷

南海九江朱氏家譜序　卷首之一

譜牒之學史學也周官

奠繫世辨昭穆掌於小

史史記紀五帝汔夏殷

周秦並詳其子孫氏姓
而世本一書漢志隸春
秋家蓋先王譜學之設
實與宗法相維而表裏

乎國史宗法立而士大
夫家收族合食至於百
世不遷而奠其繫世辨
其昭穆朝廷且爲之庀

官司藏册府是故黄農
虞夏之胄閥數千祀而
可知也世祿廢宗法亾
譜學乃曠絶不可攷漢

興天子奮於草茅將相
出於屠牧率罔知本系
所由來魏晉至唐仕宦
重門閥百家之譜上於

吏部維時官之選舉必
稽簿狀家之昏姻必等
門第而譜學復興歐陽
氏脩唐書有宰相世系

之表隱示國史家牒相
爲表裏且謂世族之盛
諸臣克脩家法致然跡
其編纂論述若挪前史

所無然通人碩儒咸許
其湛深古誼能探先王
制作精意蓋拟而實因
也五季喪亂圖牒盡湮

一二儒生乃欲掇拾補苴冀存古宗法一綫及夸者爲之扳坿華腴虛張動伐或至不可究詰

譜錄一家遂爲識者厭薄而去史益遠矣吾族之有譜也自明萬歷丁丑文學公學懋始也文

學遡　始祖勵七世當
是時也子姓服屬未遠
恩義縣結風氣醇龐其
仕者精白一心以從王

事而不有其家其父老
教讓教謙敦長者之行
其子弟以讀以耕鮮諺
誕之失卽一二宦裔貴

游徙宅省垣號稱豪宕
然日散千金親故多待
以舉火一時數搢紳家
法以吾族爲優徼特家

棄之先立也厥後一脩
於處士公昌瑤在
國朝康熙丙申康熙以
來無踵事者道光丁未

次琦歸自京師之官山右父老祖予洒次及之異聲同歎咸豐初元亟加討論以寇亂中輟亂

已次琦亦假還共申前議於是宗人朝議大夫奎元兄弟慨然願任脯精剞劂之費乃會推吾

弟明經宗琦主彙而宗
人上舍士仁士報景熙
佐之次琦不揣檮昧斟
酌今古成序例一篇授

以從事是役也寘局於己未之春斷限於辛酉之臘以今年正月鐫竣刊易再三編摩況瘁歷

十一寒暑而書成實費白金二千三百兩有奇祠嘗撥支六百四十餘兩朝議等義捐一千七百一十　夫然後十有二餘兩

卷之書繫世之源流昭穆之近遠恩榮之覃被祠廟之宗禋墳瘞之阡原蕤文之津逮媺惡之

登削遺軼之甄尋直而不汗信而有徵不侈前人勿廢後觀敢云美備要其規模亦畧具矣 次

琦
行四方久竊慨風俗
日益以媮而親情日益
衰不啻漢史所稱斗粟
尺布而骨月不相容者

朝議兄弟獨能推鉅貲
不色吝近又增貲祠嘗
捐白金三千兩而宗人
翰林待詔銜國恩亦捐

千兩其諸義重千鈞利輕一羽者與於以見吾先人之遺澤長也詩不云乎戚戚兄弟莫遠具

邇又曰豈無它人不如
我同姓自茲以往願我
族衆咸喻於古者宗譜
相維遺意而使內外有

別長幼親疏有序有無
相賙吉凶患難相恤膢
臘祭饗飲食相周旋毋
以財失義毋以忿廢親

則吾家世德作求安見不如浦江鄭氏江州陳氏諸義門書之國史以爲美譚者宰相世系表

序曰門祚之盛衰雖視功德厚薄亦在其子孫烏虖可不勖哉可不勖哉

同治八年歲在己巳三
月元巳
賜同進士出身前署山
西襄陵縣知縣告假在

南海九江朱氏家譜

籍今奉

特旨召用十五世孫次

琦謹序

南海九江朱氏家譜　卷首之二

職事銜名

監修

賜同進士出身前署山西襄陵縣知縣告假在籍今奉特旨召用十五世孫次琦

議修

九品頂戴十四世孫應銓

布衣十四世孫錫光

從九品職銜十五世孫名揚

舉人揀選知縣十五世孫堯勳

舉人揀選知縣十五世孫士琦

國子監生十五世孫祖年

貤封文林郎山西襄陵縣知縣國子監生十五世孫炳琦

武生十五世孫美揚

副貢生分發儒學教諭前就職直隸州州判十六世孫庭森

國子監生十六世孫軼羣

生員十六世孫逢望

國子監生十七世孫瀚

廩生十七世孫配麒

纂修

增貢生雙月選用儒學訓導十五世孫宗琦

編校

國子監生十五世孫士仁

國子監生十六世孫士報

國子監生十七世孫景熙原名西長

覆校

舉人揀選知縣十六世孫衢尊

捐刊

誥授朝議大夫知府職銜十六世孫奎元

同知職銜十六世孫福元

直隸州同知職銜十六世孫顯元

家譜事蹟截止咸豐辛酉各銜名則斷至同治辛未故族內士紳無脩譜職事者固不備載載者履歷亦與譜中所記不同

南海九江朱氏家譜序例

卷首之三

古者譜系之書天子曰帝繫諸侯曰世本周禮小史疏而通上下而言均謂之譜桓譚謂太史公作世表並倣周譜是也梁書劉杳傳魏晉代降初曰某氏譜世說劉孝標注引王氏謝氏吳氏孔氏諸譜止稱某氏譜又屢引王氏譜獨王倫一條稱王氏家譜紀尙書畇疑家字爲羨文後曰某氏家譜隋書經籍志有楊氏家譜唐書藝文志有謝氏呂氏等家譜又有別撰稱名者如摯氏世本世說注裴氏家牒裴守眞撰劉氏家史劉子元撰范陽家志之類盧藏用撰以上俱見唐志文心雕龍曰譜者普也注序世統事資周普則譜迺紀世之正名古所命也故不從其異也繫以其地稱南海九江志別也有同姓而異望同壤而異族者也趙郡東祖李氏家譜唐志四明槎湖張氏族譜國史經籍志是其例也右序名譜之例

譜以合宗且有世系支派然後諸譜中諱字有可稽昭穆有可
考故首列宗支譜鄭漁仲謂三代之後氏族合而爲一則以地
望明貴賤使貴有常尊賤有等威通志氏族畧漢有鄧氏官譜隋志唐
有衣冠譜又有官族傳唐志氏族書第門閥有自來矣故恩榮譜
次之譜所以明孝愛作一本之思也故祠宇譜墳塋譜次之譜
所以守文獻備一家之故也故藝文譜家傳譜次之其餘遺聞
逸事不列於諸譜者散碎爬羅亦述家風脩世錄者所不廢潘岳
有述家風詩明粲有明氏世錄故以雜錄譜終之也右序分編之例
古人自序如屈子離騷馬班二史罔不上溯姓原譜牒亦然見漢
書揚雄傳注引揚雄自敘譜牒世說注引溫氏譜序唐書宰相世系表廬陵歐陽氏譜老
泉蘇氏譜並沿其例迺古法也宋朱長文朱氏世譜絳雲樓書目述古堂

書目明朱右邾子世家明史藝文志今固未見然姓族源流不可不考也近時諸城劉氏譜景城紀氏譜均以不著族姓源流爲慎蓋非古義譜必有圖旁行邪上周譜例也劉杳傳後漢書盧植傳所謂同宗相後披圖按牒以次可知也通志畧有錢氏慶系譜復有錢氏慶系圖國史經籍志有仙源類譜復有仙源積慶圖王介甫作許氏世譜不爲圖歸熙甫自作歸氏世譜亦無圖非是圖必分房唐書世系表例也始祖下定著三房不曰門通志畧有崔氏五門家傳不曰派絳雲樓書目有吳越錢氏分派畧不曰眷不曰枝唐表裴氏分西眷中眷東眷陸氏分魚圻枝丹徒枝太尉枝侍郎枝僻也故仍稱顯觀房存著房繹思房也圖以四世爲一部服窮於四世也膠州法坤宏撰法氏譜以四世爲一部謂服窮於四世格盡別起者重書一世明有所承也歐陽氏譜詢書第一譜之末又書第二譜之首圖皆書名臨文不諱也蘇氏譜於祖父之名加諱字歐陽氏譜從其同譜者今從歐譜一族之公非一人之私也名記

原名更名一名别徵使後有考也唐書世系表宗室表栻初名橦劉氏表齊賢更名景先裴氏表遂一名從鄭氏表玘一名綺名闕者唐表易稱某宗室表富陽令某柳氏表某朔方營田副使今代以方空古義也逸周書穆天子傳闕字代以方空也名後書字與爵古譜類然也見世說注引諸家譜雖别字亦載也見後漢書虞詡傳注無爵者魏氏譜稱處士世說注引魏氏譜曰顗字長齊祖允處士又引陸士衡薦戴若思表曰伏見處士沛國戴淵盜賊亦稱處士不可從今不從惡飾也漢代碑陰民與處士别也蘇氏譜注不仕今不注無庸注也妻前後娶必書妾亦書正家也庶子不書所生母統於嫡也異出之子不分書統於父也景城紀氏譜之例立繼者所生所後必互書責為人後且不替本生也湯敬升族譜議之例居址必書聚族也唐表居成紀居解縣洗馬川之例僑宅境必書重出疆也唐表徙河中徙聞喜之例異姓抱養例不書干犯刑辟例不書棄親出家例

不書防亂宗也膠州法氏譜之例若夫支派失傳者附書荀氏家傳例也世說注引荀氏家傳曰巨伯漢桓帝時人也亦出潁川未詳其始末故登閣嶙房列於譜也後裔無考者附書七房鄭氏表例也唐表七房鄭氏大房白麟後絕第三房叔夜後無聞故世絕無屬列於譜也附居址圖從類也布序宗支譜之例

唐許敬宗李義府等奏請刪定氏族志以仕唐官五品以上皆升士流於是兵卒以軍功進者亦得入搢紳嗤之號爲勳格唐書許敬宗以貞觀所定氏族志不載武后本望李義府亦以其先世不見敘更奏刪正是知氏族重淸門不徒侈膏粱華腴也郡姓中三世有三公者曰膏粱有令僕者曰華腴見唐書然世說注歷引諸家譜凡著錄之人靡不詳其起家歷官者卽舉孝廉不行亦具於牒王倫一條注引王氏家譜曰倫字太冲司空穆侯中子司徒渾弟也年二十餘舉孝廉不行而唐史括氏族書爲世系表則凡中外顯僚降至簿尉執仗挽郎無弗

具載其階資則自孝廉有道及第明經以逮陪位出身吏部常選兵部常選胥錄焉可知有一官者無弗書官有一資者無弗書資正古法也故都錄之爲恩榮譜也若夫制詔璽書古錫命體也旌節孝旌耆壽古表宅制也是恩榮之鉅者故以起訖斯篇也右序恩榮譜之例

世守祠墓孝子孝孫之心也然晉博士傅純議曰冢椁以藏形而事之以凶廟祧以安神而奉之以吉送形而往迎精而還此廟墓之大分形神之異制祭者求神之道至多而獨不祭墓晉書東海王越傳固知祠墓有先後也朱子家禮謂古之廟制不見於經且今士庶之賤亦有所不得爲者當先立祠堂今考祠堂之稱名義最古王逸序楚辭天問篇云屈原見楚先王之廟及公卿祠堂畫天地山川神靈奇詭之狀因書而呵問之據

此則祠堂蓋起於周代我家祖祠建於明嘉靖時當夏言奏請士庶得通祀始祖之後見王圻續文獻通考蓋非直無偕古經正善承朝廷德意爲之江陰楊尙書名時曰祀始祖則族有所統定宗譜系相維然則祠廟譜系義相成也附以坊表第宅園亭樓閣之屬禮營宮室宗廟爲先居室爲後序也右序祠宇譜之例

記云大夫士去國曰奈何去墳墓宗子出疆則庶子望墓而祭古人重墓故墓亦載於譜隋志有楊氏家譜狀幷墓記一卷元戴表亦有小方門戴氏居葬記譜塋墓非掦也紀氏譜並仿金石例爲圖潘昂霄金石例引古金石例云墓圖作方石碑先畫墓圖有作員象者內畫墓樣各標其穴某人其石嵌之祭堂壁上無祭堂則嵌於圍牆上今不從族蕃不勝圖也圖以嵌諸墓非以概諸譜也譜墓用羅經甲乙分正隅非徇形家言辨方也子謂防墓不可以不識辨方所以識也右序

墳塋譜之例

裴氏家傳曰榮字榮期河東人撰語林數卷號曰裴子世說注是為家牒詳著述之始今載著述區分四部存佚俱收隋唐二志例也隋志注亡篇唐志不復識別明焦竑志國史經籍從唐書注者紀其實不注者昭其慎也今亦不復注也標目後揭原書序跋文獻通考例也或附隲評亦通考例通考又本之晁氏郡齋讀書志陳氏直齋書錄解題也右序藝文譜之例

有家譜有家傳魏晉閒各自為書世說注有李氏譜又有李氏家傳有袁氏譜又有袁氏家傳有王氏譜又有王氏世家傳隋唐兩志家傳入傳記家譜入譜系惟舊唐書經籍志合為一類然唐志譜系類有官族傳有孔子系葉傳則傳亦譜也傳稱世傳按世為傳據范汪范氏世傳文也序述之文歐陽氏蘇氏皆名蘇氏乃至

名祖父族譜後錄稱吾祖某吾父序今不從惡斥也禮子孫得稱祖父字也儀禮祔祭之祝曰適爾皇祖某甫以隮祔爾孫某甫是也又周公稱其祖曰王季屈原稱其考曰伯庸曰某公據白香山家狀柳子厚叔父墓版文也其無官者亦稱公據吳仲山碑文也漢故民吳仲山碑稱吳公仲山洪适謂故民者物故之民也見隸釋婦必繫某公配妻以夫爲綱即以夫爲名也傳稱武王邑姜史稱周公阿杜是也左傳昭元年當武王邑姜方震大叔南齊書周盤龍傳盤龍愛妾杜氏上送金釵鑷二十枚手敕曰餉周公阿杜歐陽氏譜亦曰睦夫人欽夫人也有封者稱封無封者通曰安人從時稱亦沿語類稱夫人例也朱子語類無爵者曰府君夫人漢人碑已有只是尊神之辭曰原配據晉書禮志文也禮志前妻曰原配曰繼配據王介甫葛源墓志文介甫又據儀禮也儀禮喪服傳繼母之配父不曰繼室古之繼室非妻也說詳左傳隱元年杜氏注及孔氏正義不曰中娶中娶

見世說注引溫氏譜不曰次配次配見韓文昭武將軍李公墓志皆僻也婦詳祖父族里竝及親串世說注引諸姓譜類然碩人首章之義也傳中年壽可考必書卒年可考必書史家例亦譜系法也世說注引周氏譜曰翼年六十四卒三國志管寧傳注引先賢行狀曰王烈以建安二十三年寢疾而終女可紀者未嫁已嫁內外得並書唐志王方慶王氏女記例也在室者章女美出適者爲家榮也傳中事行要在不誣湯氏所謂弗錄有善錄而旨皆不敢也族譜議傳末必注所據書示信也遠法歐氏百越先賢志近本阮氏國史儒林傳稟也右序家傳譜之例

錢易記吳越世家事蹟撰錢氏家話一卷通志藝文畧胡元吉記其家世遺事著桐陰舊話十卷國史經籍志所謂數典不忘也或資誦法或系掌故或備譚諧括之曰雜錄以唐志孔至姓氏雜錄名

之也右序雜錄譜之例

歐蘇二譜以其所及知者列爲譜圖其疏遠者不紀蘇氏止錄本支四世而令族人各自爲譜謂各詳其宗合之則至於無窮夫惟族人不知爲譜故仁人孝子慨然思作譜以合之而又令其自爲族不仍歸於散乎歸氏有光謂爲譜者載其族之世次名諱其所不可知者無如何其可知者無不載也王氏元啟曰旣舉族而謀之爲之譜以合之大體自當畢載無閒於遠近親疏今不從存收族之遺也

史兼勸懲美惡竝書譜言勸不言懲故稱美不稱惡春秋爲親者諱厚之至也唐表於張氏上官氏世系美惡不諱張氏世系稱通儒仕安祿山上官氏世系稱漢右將軍安陽侯桀生安車騎將軍桑樂侯以反伏誅今不從不欲以先人媿子孫也婦改適舊譜皆書庶氏之母孔門不諱經義也晉王氏

譜竝離昏不諱也世說注引王氏譜曰獻之娶高平郗曇女名道茂後離昏今不從隱夫凱
風孝子抱無言之恫者也
儒者泥於古經動謂大宗無子則立後小宗無子則不立後無
後者古有從祖祔食之禮明儒田汝成羅虞臣柴紹炳汪琬徐乾學俱據此立論國朝諸儒新
會湯氏高安朱氏之爲譜且斷斷爭之以謂夫人皆爲立後不
協於古湯敬升族譜議朱軾族譜解惑是惡知古者大宗諸侯世國卿大夫世
祿宗人莫不恃以收族合食是以百世不遷今則井田世祿之
制絶而宗法廢人人可以爲卿大夫則人人可以爲別子之祖
禮記大傳別子爲祖繼別爲宗注別子謂公子若始來在此國
者後世以爲祖也繼別謂別子之世適也族人尊之謂之大宗
陳氏祥道曰諸侯之適子孫則繼世爲君而支子之爲卿大夫
者謂之別子有自它國而來於此者亦謂之別子有起自民庶
而致位卿大夫亦從別子之義此三者各立宗而爲大宗所謂
繼別者也陳氏澔曰別子有三一是諸侯適子之弟別於正室

二是異姓公子來自宅國別於本國不來者三是庶姓之起於是邦爲卿大夫而別於不仕者皆稱別子也爲祖者別與後世爲始別子未必非支庶也而謂支庶不立後可乎而況小宗乎祖也

宗法既廢所謂世適而號爲宗子者或貧且賤無廟與祭彼小宗支庶之無後者祔於何所食於何人何以使之有所歸而不爲厲乎金匱秦尚書蕙田著論非之是也（詳見五禮通考）今不從禮貴從宜亦以義起也

自盧陵歐陽氏爲譜本出於渤海而必兼載千乘之族眉山蘇氏本出於眉州刺史味道而必兼載趙郡扶風河南河內之蘇爾後爲譜者往往兼及宅郡之賢以著族姓人才之盛歸氏有光爲夏氏世譜黃氏宗義爲黃氏世錄則雖其並時而異派者亦列之（歸熙甫爲夏太常昶作世譜錄夏元吉湘陰人輔相五朝蓋與太常並時而異派者黃梨洲自爲世錄雜記先

世行事之可考者及宅處黃氏之賢者如石齋黃道周漳浦人與其父御史尊素並時亦載於錄其尤異者馮氏元颺爲馮氏譜四篇其第三篇臚列異姓戚鄉諸顯人以表門閥今皆不從惡扳附之嫌也

朱子注論語孟子正文遇國諱則缺筆而不改字注則無弗避者其注易亦然錢氏十駕齋養新錄云見趙順孫四書纂疏及吳革所刊易本義班班可考洪氏隸釋謂漢人作文不避國諱樊毅碑命守斯邦劉熊碑來臻我邦之類未嘗爲高祖諱也石經邦君爲兩君之好與何必去父母之邦皆書邦作國疑漢人所傳如此不爲避諱而然謹按洪氏之說非也石經奉詔刊樹鴻都門豈樊毅等私碑可比馬班二史及漢人著作多避邦字即所引述論語文亦然如夫子至於是邦善人爲邦百年一言而喪邦雖蠻貊之邦懷其寶而迷其邦邦君之妻危邦不入在邦必聞邦有道不廢邦有道則知邦有道貧且賤

焉邦有道穀之類多改邦爲國使石經全文尚存其悉避可知譜中凡遇應行改寫應行鈌筆等字俱欽遵　累朝聖旨所有新刊書籍照頒行恭避字樣書寫之諭應行改寫應行鈌筆字樣詳載欽定科場條例　欽定學政全書雖易舊譜無嫌也所以嚴　功令也又順治七年以前廣中用故明隆武永歷年號伏讀　御批通鑑輯覽唐桂二王年號欽奉革除故譜中記載但書唐王桂王某年不復題其年號雖易舊譜無嫌也亦以嚴　功令也

譜中文字或前後異文未歸一律蓋徵引異書采訪異手參差錯出亦事勢使然日知錄曰五經文字不同者多矣更有一經之中而自不同者如桑甚見於衛詩而魯則爲黮鬯弓著於鄭風而秦則爲韔左氏一書其錄楚也薳氏或爲蔿氏箴尹或爲

鍼尹今按同一語助而書之粤若曰若先後攸殊同一人名而禮之子貢子贛篇章互見論語則無亡惟唯並用孟子則由猶或惑雜書凡若此類不可枚舉至說文一書引用尤多錯出如易以往吝又作以往遴爲的顙又作爲馰顙重門擊㭬又作重門擊欜書鳥獸氄毛又作鳥獸褎毛方鳩僝功又作旁求孱功濬く巜距川又作睿畎澮距川若顛木之有粤櫱又作若顛木之有甹枿詩桃之枖枖又作桃之楧楧江之永矣又作江之羕矣江有汜又作江有洍靜女其姝又作靜女其㛟擊鼓其鏜又作擊鼓其鼞是褻袢也又作是泄袢也衣錦褧衣又作衣錦檾衣薈兮蔚兮又作嬒兮蔚兮赤舄掔掔又作赤舄已已驛驛駱馬又作瘆瘆駱馬不敢不蹐又作不敢不趚瓶之罄矣又作瓶之窒矣無然詍詍又作無然呭呭憬彼淮夷又作穬彼淮夷春秋傳忨歲而㵘日又作翫歲而愒日論語色孛如也又作色艴如也更不可枚舉然則經典流傳亦非一律也故未之改也

書序在後古例也周易序卦與詩書之序舊俱列篇第中而退居於筴末序卦移於李鼎祚書序移於僞孔傳詩序移於毛萇今惟序卦復其舊周秦兩漢書籍如莊子天下篇史記自序淮南子要畧越絕書敘外傳記潛夫

論敘錄鹽鐵論大論文心雕龍序志篇皆同斯例漢書之序傳華陽國志之序志後語大序後復有小序也隋唐以後序文始列篇首又小目列上大名列下亦古例也禮記曲禮上第一疏引呂靖曰既題[illegible]禮於上故著禮記於下此古本小目列上大名列下之證大名又謂之大題陸氏德明云毛詩故大題在下馬融盧植鄭元注禮記竝大題在下班固漢書陳壽三國志亦然詳經典釋文唐刻石經皆大題在下如詩經卷首周南詁訓傳第一列於上毛詩二字列於行下所謂大題在下也宋元以來刻本皆移大題於上而古式遂亡紀尚書昀云陸游南唐書尚繇古式語見錢曾讀書敏求記錢少詹大昕云余曾見宋淮南轉運司監刻大字本史記亦大題在下然二者於書無關宏恉也姑從時式亦可也右序全譜沿革從違之例

南海九江朱氏家譜目錄　　卷首之四

南海九江朱氏家譜

南海九江朱氏家譜卷一

七世孫學懋初輯
十世孫昌瑤續脩

十五世孫宗琦續脩
十六世孫士報
十五世孫士仁編校
十七世孫西長
福元
十六世孫奎元捐刊
顯元

宗支譜　姓族源流　圖

白虎通曰姓者生也人所以有姓以崇恩愛厚親親所以爲生也烏虖豈不諒哉周官小史之職奠繫世辨昭穆繫世紀姓氏之原昭穆別疏昵之序卽譜牒家所繇

昉南史王僧孺被命撰譜而不知譜所自起以問劉杳杳曰桓譚新論太史公三代世表旁行邪上並效周譜以此而推當起於周代也近世歐蘇二譜旁行邪上亦準世表明允作譜不列遷祖味道以謂親盡弗書是不然遷祖以下著代寖遠枝葉益繁究其初則一人之身也一人之身血脈無弗貫痾癢無弗知吾綱而紀之上及一人之身使吾宗之讀譜者繇宗人而羣從而同胞而一本高望遠慕僾然血脈痾癢之相關焉是先王崇恩愛厚親親之義也烏虖觀於吾譜孝悌之心可油然生矣作宗支譜

姒族源流

朱氏之先蓋出帝顓頊高陽氏高陽氏姬姓帝王世紀姬姓太平御覽引古史考妘姓續文獻通考引姓纂風姓黃帝之孫昌意之子娶於騰隍氏騰隍氏奔之子謂之女祿大戴禮補注奔蓋騰隍氏之君名大戴禮作滕氏楚辭章句作騰隍氏帝王世紀作勝墳氏路史作勝奔氏通鑑綱目前編作勝濆氏大戴禮作女祿帝王世紀作女㛗生稱史記作稱路史作偁字曰伯服稱生卷章卷章亦曰老童老童娶竭水氏之子謂之高緺大戴禮作竭水氏通志氏族畧引世本作根水氏元和姓纂作安是氏大戴禮作高緺大戴禮補注引世本作驕福漢書古今人表作嬌極通鑑綱目前編作女嬌生重黎及吳回

謹按重黎之說歷代諸儒辨證最詳而顧氏炎武日知錄廼謂左傳蔡墨對魏獻子言少昊氏有四叔一曰重爲句芒顓頊氏有子曰犂爲祝融犂卽黎字異文是重黎

爲二人一出於少昊一出於顓頊而史記
楚世家則曰帝顓頊高陽者黄帝之孫昌
意之子也高陽生稱稱生卷章卷章生重
黎太史公自序則曰重黎氏世序天地其
在周程伯休甫其後也晉書宣帝紀其先
出自帝高陽之子重黎爲夏官祝融宋書
載晉尙書令衞瓘尙書左僕射山濤右僕
射魏舒尙書劉實司空張華等奏迺云大
晉之德始自重黎實佐顓頊至於夏商世
序天地其在於周不失其緒似重黎爲一
人不容一代迺有兩祖亦昔人相沿之謬

云云今輒臚舉衆說辨之如左

辨證 孔氏穎達曰左傳蔡墨曰五行之官是爲五官實列受氏姓封爲上公祀爲貴神社稷五氏是尊是奉木正曰句芒火正曰祝融金正曰蓐收水正曰元冥土正曰后土魏獻子曰社稷五祀誰氏之五官也對曰少皞氏有四叔曰重曰該曰脩曰熙實能金木及水使重爲句芒該爲蓐收脩及熙爲元冥世不失職遂濟窮桑此其三祀也顓頊氏有子曰犂爲祝融共工氏有子曰句龍爲后土此其二祀也后土爲社稷田正也有烈山氏之子曰柱爲稷自夏以上祀之周棄亦爲稷自商以來祀之案四叔是少皞之子孫未知

於少皥遠近也四叔出於少皥耳其使重爲句芒非少皥使之世族譜云少皥氏其官以鳥爲名然則此官皆在高陽之世也楚語云少皥氏之衰也九黎亂德民神雜糅不可方物顓頊受之迺命南正重司天以屬神命火正黎司地以屬民是則重黎居官在高陽之世也又鄭語云黎爲高辛氏火正命之曰祝融則黎爲祝融又在高辛氏之世考世本及楚世家高陽生稱稱生卷章卷章生黎如彼文黎是顓頊之曾孫也楚語云少皥之衰顓頊受之卽命重黎似是卽位之初不應卽得命曾孫爲火正也少皥世代不知長短顓頊初已命黎至高辛又加命不應一人之身

緜歷兩代事既久遠書復散亡如此參差難可考校
世家云共工作亂帝嚳使黎誅之而不盡帝誅黎而
以其弟吳回爲黎復居火正爲祝融卽如此言黎或
是國名官號不是人之名字顓頊命黎高辛命黎未
必共是一人傳言世不失職二者或是父子或是祖
孫其事不可知也
司馬氏貞曰重氏黎氏二官代司天地重爲木正黎
爲火正據左氏少昊氏之子曰重顓頊氏之子曰黎
今以重黎爲一人迺是顓頊氏之子孫者劉氏云少
昊氏之後曰重顓頊氏之後曰重黎對彼重則單稱
黎若自言當家則稱重黎故楚及司馬氏皆重黎之

後非關少昊氏之重愚謂此解爲當

蘇氏轍曰重出於少昊黎出於高陽當高陽之世重黎實二人也至帝嚳之世火正兼稱重黎蓋以黎兼重歟是以重黎既誅而獨以吳回爲重黎然則楚之先實重黎而非重也

盛氏百二曰古之羲和本以占日著漢志黃帝使羲和占日常儀占月山海經注羲和天地始生主日月者故帝堯以之命官在高辛以前爲重黎在唐虞以後爲羲和亦猶范氏在夏爲御龍氏在商爲豕韋氏也顓頊之重黎與高辛時之重黎蓋世掌其職固非一人楚世家云帝嚳誅重黎而以其弟吳回爲重黎是始爲人名既迺爲官號鄭語史

伯曰荆子熊嚴重黎之後也韋昭注重黎官名楚之先爲此二官楚語觀射父曰重黎氏世序天地其在周程伯休父其後也宣王時失其官守而爲司馬氏太史公自序全本之昔束晳亦咎馬遷並二人爲一人蓋不及檢外傳也史伯明言黎爲高辛氏火正則楚之先黎也而亦兼言重蓋天地雖分事實一貫猶羲和雖分欽若之職一也羲和在黄帝時爲一人在唐虞爲二氏仲康時又合爲一說者不以爲異而何疑於重黎哉（蘇氏軾書傳堯時羲和爲四人仲康時有國邑而以沈湎得罪者則一人而已）

謹按顓頊高陽氏之後初稱黎後稱重黎

孔氏司馬氏蘇氏之言俱中倫理而盛氏

說尤精審不磨盛氏本三國韋昭官名之說謂始爲人名繼迺爲官號確極漢書公卿百官表已謂自顓頊以來爲民師而命以民事有重黎句芒祝融后土蓐收元冥之官後人疑史遷併兩人爲一人又謂晉人一代迺有兩祖不知楚爲重黎之後及重黎世序天地等語皆外傳所載史伯觀射父之言並非漢晉以來所傳會前有廣微後有亭林皆未免苟訾也

又按古史謂高陽生稱稱生卷章卷章生黎潛夫論謂黎顓頊氏裔子吳回也爲高辛氏火正故名祝融後漢書內司馬彪天文志謂司馬遷以世黎氏之後爲太史令

語更分曉

考異 通鑑綱目前編帝顓頊初娶鄒屠氏之女生駱明又娶勝濆氏之女生卷章庶子曰窮蟬

大戴禮顓頊生老童老童生重黎及吳回

山海經顓頊生老童老童生重及黎帝命重獻上天黎卬下地

續文獻通考顓頊次妃勝奔氏生子三人伯偁（史記作稱）卷章季禺季禺生叔歜卷章娶根水氏生子曰黎曰回黎爲祝融生二子曰長琴曰噎噎處西極長琴居摇山黎卒帝嚳以回代之封於吳是爲吳回生陸終其支庶爲陸終氏（謹按路史敘陸終世系與此同至廣韻謂陸終爲古天子則謬）

謹按大戴禮謂顓頊生老童闕稱一代史記集解引世本國語韋昭注帝王世紀等書並同至山海經以重與黎二人均高陽所生續文獻通考又以稱與卷章爲兄弟非父子則尤異史記漢書以吳回爲名路史續通考謂封於吳是爲吳回亦微不同

重黎爲帝嚳高辛氏火正甚有功能光融天下帝嚳命曰祝融賈逵曰祝甚也融明也虞翻曰祝大也韋昭曰祝始也杜預曰祝融明貌共工作亂帝使重黎誅之而不盡迺誅重黎史記以庚寅日誅重黎冊府元龜同而以其弟吳回爲重黎後繼居火正爲祝融以淯燿惇大天明地德光昭四海漢崔瑗河閒相張平子碑作惇燿敦大天明地德後世以其能昭顯天地之光明以生柔嘉材故

沒而配祀五帝也月令孟夏之月其神祝融鄭氏注火官之臣自古以來著德立功者顓頊氏之子曰犂爲
火官中央土其神后土鄭氏注土官之臣自古以來著德立功者犂兼爲土官孔氏疏左傳句龍爲后土后土爲土官知此后
土非句龍而爲犂者以句龍初爲后土後轉爲社后土官闕犂則兼之故鄭注周禮大宗伯云犂食於火土謹按火正犂司地
以屬民故兼食火土也大戴禮補注後世祀黎神爲祝融吳回之神爲回祿謹按祝融回祿之神著於三代國語謂夏之興也
融降於崇山及其亡也回祿信於聆隧韋昭注再宿爲信高辛氏衰三苗仍九黎之亂行其
凶德帝堯復育重黎之後不忘舊者使典其職故重黎氏世序
天地以至於夏商羲氏和氏是也尚書孔氏傳重黎之後羲氏和氏世掌天地之官吳
回生陸終陸終娶鬼方氏之妹謂之女隤大戴禮作女隤大戴禮補注引世本作女
嬇漢書古今人表作女潰謹按人表女祿嬇極祝融吳回陸終女潰義仲義叔和仲和叔俱列仁人孕而不育十
一年坼剖而産啟其左脅而三人出焉啟其右脅而三人出焉
一曰樊封於昆吾二曰惠連封於參胡三曰籛大戴禮作籛史記集解引虞翻

言作翦封於彭是爲彭祖其孫元哲封於韋是爲豕韋四曰萊言大戴禮作萊言大戴禮補注引世本作求言是爲鄶人大戴禮作鄶人史記作會人漢書作會乙謹按鄶詩作檜六曰季連其後爲楚昆吾大彭豕韋楚歷夏商周代爲侯伯其第五子曰安安通志作安斟文獻通考諸書又作晏安賜曹姓續文獻通考謂晏安封於曹爲曹氏恐非其謂邾婁騶繹郳莒小邾根牟皆曹姓則允周武王克商封安苗裔俠於邾爲附庸春秋釋例世族譜等書作俠元和姓纂等書作挾謹按穀梁傳隱九年俠者所俠也石經作挾漢書叔孫通傳殿下郎中俠陛季布傳任俠有名顏師古注俠之言挾以權力俠輔人也是俠挾古通用所謂曹姓鄒莒皆爲采衛是也

〈辨證〉孔氏穎達曰句芒祝融等五官居官有功以功見祀不是一時之人也傳言世不失職便是積世能官其功益大非是暫時有功遂得萬世承祀明是歷選上

代取其中最有功者使之配食亦不知初以此人配食何代聖王爲之蓋在高辛唐虞之世耳

閻氏若璩曰古者火官最重高辛世祝融能昭顯天地之光明以生柔嘉材周禮司爟掌行火之政令四時變國火以救時疾火不數變疾必興聖人調變之權正寓於此觀一藏冰啟冰開尚足和四時而免夭札況火爲民生不容一日廢者其出之內之所關於氣化何如乎噫後世庶官咸備火政獨闕飲知擇水烹不擇火民必有陰感其疾而莫之云救者其不辠可勝道歟閼伯爲堯火正居商邱見左傳襄九年孟子明言舜使益掌火三代下惟漢武帝置別火令丞三中興省二晉職官志無

鄭氏康成曰高辛氏世命重爲南正司天犂爲火正司地
謹按尚書正義謂鄭氏云世命重爲南正
司天云云據世掌之文用楚語爲說也
堯育重犂之後羲氏和氏之子賢者使掌舊職天地之官亦紀於近命以民事蓋曰稷司徒
謹按虞書曰女后
稷知稷爲官名且
獨稱后知爲
六官之長
此命羲和者命爲天地之官下云分命申命爲四時之職天地四時於周則冢宰司徒之屬六卿是也又曰春爲秩宗夏爲司馬秋爲士冬爲共工通稷與司徒是六官之名見也仲叔亦羲和之子堯既分陰陽爲四時又命四子爲之官又主方岳之事是爲四岳

謹按鄭康成之說王氏鳴盛謂其以羲和

及四子爲六卿而又以四子即四岳殆如
周之周公太公召公畢公皆入爲王朝之
卿出爲諸侯之長也尚書疏經典釋文小
學紺珠均引馬融說羲氏掌天官和氏掌
地官四子掌四時尚書纂傳路史均引王
肅說謂居京師而統之亦有時述職蓋與
鄭說同
干氏寶曰先儒學士多疑坼剖之事譙允南通才達
學精核數理者也作古史考以爲作者妄記廢而不
論余亦尤其生之異也然按六子之世子孫有國升
降六代數千年間迭至霸王天將興之必有尤物乎

若夫前志所傳脩已背坼而生禹簡狄胷剖而生契歷代久遠莫足相證近魏黃初五年汝南屈雍妻王氏生男從右胳下水腹上出而平和自若數月創合母子無恙斯蓋近事之信也以今況之固知注記者之不妄也天地云為陰陽變化安可守之一端槩以常理乎謹按三國志載屈雍妻事加詳魏志云黃初六年三月魏郡太守孔羡表黎陽令程放書言汝南屈雍妻王以去年十月廿二日在草生男兒從右腋出其母自若無宅異痛今瘡已愈母子安全無菑無害也

鄭氏樵曰近莆田尉舍之左有市人之妻生男從股髀間出亦能創合母子無宅此又足以明屈雍之事不誣

謹按廣古今五行記晉安帝義熙中魏興李宣妻樊有娠過期不育額上有瘡兒穿之而出元好問續夷堅志李鍊師湛然戊申秋入關親見一婦娩身臨月忽右腋發一大瘡瘡破胞胎從瘡口出子母俱安

御定淵鑑類函引嵩高山記昔陽翟有婦人妊身三十月迺生子從母背上出五歲便入此山學道爲母立祠續夷堅志不止元氏故繫姓名

又按王氏念孫謂今本史記楚世家陸終生子六人坼剖而産焉剖本作副大雅生

民篇不坼不副正義曰坼副皆裂也說文
副判也籀文作疈太平御覽引史記作坼
疈而生其明證矣王氏之言具見徵据但
大戴禮明有啟其左脅六人出焉語則剖
字恐無譌
顧氏炎武曰楚夔權芊姓邾郳曹姓鄅偪陽妘姓鬷
夷董姓皆自祝融國語又以莒爲曹姓越爲芊姓或
曰嬴姓出於祝融郯葛穀皆嬴姓也伯益則賜嬴姓
秦趙徐廼其後
謹按鄭語祝融之後八姓己董彭禿妘曹
斟芊也己姓昆吾蘇顧溫董董姓鬷夷豢

龍彭姓大彭豕韋諸稽禿姓舟人亦國名妘姓鄔鄶路偪陽曹姓鄒莒斟姓參胡芈姓楚越夔

孔氏廣森曰春秋繁露曰附庸字者方三十里名者方二十里人氏者方十五里尚書大傳曰古者諸侯始受封則有采地百里諸侯以三十里七十里諸侯以二十里五十里諸侯以十五里其後子孫雖有罪黜其采地不黜使其子孫賢者守之世世以祠其始受封之人此之謂興滅國繼絕世昔齊人滅紀紀季以酅爲齊附庸酅者紀之采也然則附庸多亡國之後先世有功德者故追錄之使世食其采以臣屬於

大國三十里者其先公侯也二十里者其先伯也十五里者其先子男也董仲舒言正與書傳相合

謹按春秋隱元年公及邾儀父盟于蔑左傳曰邾子克也曰儀父貴之也杜注謂書字貴之公羊傳曰字也曷爲稱字褒之也穀梁傳曰儀字也父猶傅也男子之美稱也然則儀父字而不名雖褒貴其繼好息民正合先王附庸三十里稱字之例蓋其初特以先世功德封三十里至於有賦六百乘皆後日事耳近世方望溪苞忽爲異論謂春秋從無書字之法古有以某父名者如齊侯祿父儀行父箕鄭父之類儀父即其例夫儀父字而不

名三傳無異望溪迺從二千年後鑿空翻
案亦悍且悖矣況春秋時名克者多字儀
周王子克字子儀楚鬭克字子儀宋桓司
馬之臣克字子儀彰彰可據也惠學士之
言曰趙匡謂儀父爲邾子之名曷
爲一人兩名哉韙乎其篤論矣
又按春秋大事表邾今爲山東兖州府鄒
縣後改國號曰鄒因山爲名鄒山周四十
里在縣東南今縣治爲宋時所徙古邾城
在縣東南二十六里
戴氏侗曰邾鄒同聲實一字也春秋時邾莒用夷故
邾謂之邾婁婁字兩音力俱切者合邾婁之音爲邾
力溝切者合邾婁之音爲鄒也
江氏永曰公羊傳邾皆作邾婁檀弓亦然婁者邾之

餘聲也謹按江氏謂婁爲邾之餘聲最是趙徵君坦謂列國方言有語聲在後者邾婁是也有語聲在前者句吳於越是也戴侗六書故曰邾鄒同聲實一地又按趙岐孟子題辭邾國至孟子時魯穆公改曰鄒非也當是邾人自改之耳魯穆公或鄒穆公之譌史記通作騶又按輿地廣記淄川鄒平縣古鄒國兗州鄒縣文公所遷邑此本是二國鄒平屬濟南府水經漯水逕鄒平縣故城北注云有鄒侯國舜後姚姓非邾國明矣鄒平距鄒縣數百里地非相接豈能越遠而遷都魯文公十三年邾文公遷於繹蓋自其國遷於繹山之下必非在鄒平來徙也

謹按邾國或稱邾稱鄒或稱邾婁語音緩

急之分也周時作鄒漢時作騶古今字之異也左穀作邾公羊作邾婁國語孟子作鄒史漢作騶漢時縣名作騶韓勅碑碑陰騶韋仲卿可證至趙邠卿謂孟子時改爲鄒藝文類聚引劉薈騶山記云驛山古之嶧陽魯穆公改爲騶徐鉉說文亦云魯穆公改邾爲鄒齊乘謂文公遷繹改爲鄒均非是外傳史伯對鄭桓公兩稱鄒莒鄒之名國早在東遷以前其曰曹姓鄒莒益不混於姚姓鄒侯國矣近人周廣業作孟子出處時地考謂國語鄒莒之鄒春秋不復見疑古鄒侯國爲齊

所滅亦謬也

毛氏奇齡曰或曰五等爵國無兩字惟附庸有之如須句顓臾類則邾與齊桓相盟會曾受王命進子爵自莊十六年後凡經文俱書邾子則亦當改附庸兩字之例而公羊後經必加婁字於子字之上又何以稱焉

考異　六韜祝融氏古之王者也　謹按孝經鉤命決莊周書皆以祝融伏戲神農相次

兼明書白虎通以伏戲神農祝融爲三皇

通典黃帝六相得祝融辨南方

山海經炎帝之妻赤水之子聽訞生炎居炎居生節並節並生戲器戲器生祝融祝融處江水生共工

史書纂畧古祝誦氏亦曰祝融以火施化號赤帝都於會同鄶故鄭爲祝融之墟後世火官因以爲號黃帝時以庸光爲祝融謹按螢蛙子祝融共工上世俱不一人其後十二世儀父名克始見春秋齊桓行霸儀父附從尊奬周室北杏之會進爵稱子十四世至文公蘧蒢遷於繹自桓公革以下春秋後八世通二十九世當戰國時爲楚所滅邾既失國子孫去邑爲朱氏萬姓統譜尚友錄均云朱角音

辨證黃氏震曰邾小國也交隣睦事霸謹君臣多賢庶幾守禮義者故能介數大國之閒與春秋始終迄戰國而未亡

謹按春秋釋例世族譜唐書宰相世系表

等書皆謂自安至儀父十二世恐誤通志
氏族畧謂挾之後不得其名字十二世至
儀父始通於大國語較覈
又按春秋大事表文公遷繹杜預謂鄒縣
北有繹山山旁當有舊邑而今之嶧山在
縣東南二十五里蓋古時縣治在山南

柳氏芳曰氏族者古史官所記也故古有世本錄黃
帝以來至春秋時諸侯卿大夫名號繼統昔帝堯賜
伯禹姓曰姒氏曰有夏伯夷姓曰姜氏曰有呂下及
三代官有世功則有官族邑亦如之後世或氏於國
則齊魯秦吳氏於謚則文武成宣氏於官則司馬司

徒氏於爵則王孫公孫氏於字則孟孫叔孫氏於居
則東門北門氏於志則三烏五鹿氏於事則巫乙匠
陶謹按欽定古今圖書集成氏族典謂栁芳
氏族論氏於志志字當作地又按巫乙匠陶宋林
駟朙王圻引俱
作巫卜匠陶
鄭氏樵曰三代之前姓氏分而爲二男子稱氏女子
稱姓氏以別貴賤貴者有氏賤者有名無氏故姓可
呼爲氏氏不可呼爲姓姓所以別昏姻故有同姓異
姓庶姓之別氏同姓不同者昏姻可通姓同氏不同
者昏姻不可通三代之後姓氏合而爲一皆所以別
昏姻而以地望明貴賤於文女生爲姓故姓之字多
從女如姬姜嬴姒嬀姞妘婤姶姬嫪之類是也又曰

三代之時天子諸侯傳國支庶傳氏其傳國者國亡則以國爲氏又曰三代之時男子未嘗稱姓支庶未嘗稱國秦滅六國諸侯子孫皆爲民庶故或以國爲氏或以姓爲氏姓氏之失自此始

顧氏炎武曰古人之氏或以謚或以字或以官或以邑無以國爲氏者其出奔它國然後以本國爲氏敬仲奔齊而爲陳氏是也宅若鄭丹宋朝楚建郳甲之類亦是也不然則亡國之遺允也

秦氏蕙田曰案姓者因於生而受賜者也氏者分於姓而辨族者也族者本乎姓氏而別宗者也姓原於上古而少氏分於中古而多族淆於後世而雜氏本

乎姓氏著而姓晦氏分爲族族私而氏公故古者論氏後世辨族而已書曰錫土姓左傳曰賜姓命氏前人論之詳矣大傳曰庶姓別於上故氏亦曰姓今之所謂姓者皆氏也即庶姓也故曰古者論氏後世辨族辨族則譜系之學不可不講也

王氏圻曰姓譜邾爲朱謹按朱出於邾古今氏族書皆云然徐陵曰朱家別錄邾子之苗是也朱之別派有侏氏邾氏婁氏邾婁氏郳氏兒氏倪氏郳黎氏鄒氏騶氏蕾氏翼氏挾氏無婁氏庶其氏貜且氏鉏從氏茅成氏茅夷氏畢徐氏茅地氏夷氏儀氏夏父氏捷氏庚氏蘧氏繹氏顏氏莒滅於周而根牟滅於魯後有根牟氏根氏牟氏牟孫氏

考異　孟子題辭鄒本春秋邾子之國至孟子時改曰鄒矣

國近魯後爲魯所幷謹按文獻通考封建考亦云邾後爲魯所幷

路史邾鄒本二邾濟之任城南二十里鄒兗之鄒縣繹山下邾文公遷繹爲鄒近而

移非改也邾爲魯幷鄒爲楚幷

續文獻通考邾友以父武公顏之功封於郳三世從

齊尊周是爲小邾子小邾傳國十四世去邑爲朱氏

謹按小邾去邑爲朱亦國亡則以國爲氏

之例

元和姓纂朱一云舜臣朱虎之後齊有朱毛謹按朱毛春秋時齊大夫

漢有中邑侯朱進鄖陵侯朱濞又沛國相縣今

有朱氏自云丹朱之後以王父名其後

姓氏急就篇注朱氏系出舜臣朱虎之後
舊五代史梁本紀太祖神武元聖孝皇帝姓朱氏諱晃本名溫宋州碭山人其先舜司徒朱虎之後高祖黯曾祖茂琳祖信父誠又五代會要梁肅祖宣元皇帝諱黯舜司徒虎四十二代孫
後漢書注引東觀記朱暉其先宋微子之後以國氏姓周衰諸侯滅宋犇碭易姓爲朱後徙於宛也
蔡中郎集朱公叔鼎銘忠文朱公名穆字公叔有殷之胄微子啟以帝乙元子周武王封諸宋以奉成湯之祀元子啟生公子朱其後氏焉後自沛遷於南陽之宛遂大於宋

謹按穆卽朱暉之孫而蔡中郎敘其先世

易稱朱氏緣起與東觀記不同

通志氏族畧可朱渾氏渴燭渾氏出自代北又居懷

朔隨魏南遷並改爲朱

續文獻通考改易姓氏類明賜諸臣姓太祖義子數

人如李曹國文忠沐西平英都督何文輝徐司馬及

元帥文剛文遜等皆賜國姓正德七年都督錢寧錢

安許國賜朱姓又賜都督朱福朱剛都指揮朱謙朱

春朱翥朱增朱斌朱政朱海朱岳朱昇朱晟朱彪朱

鏞朱鈁指揮千百戸鎭撫旗舍朱欽等百二十人姓

十二年賜舍人朱山朱準朱容朱淮朱渭朱義朱大

爵朱印朱河俱錦衣衛食糧尋詔都督江彬許泰劉
暉張洪神周李琮指揮焦睿俱賜國姓又敗指揮楊
瑄曰璋焦椿曰琮桂曰松張天祐曰海廷鸞曰璧馬
定曰靖俱賜國姓

謹按伏羲四相有朱襄古帝系又有朱襄
氏見禪通紀祝融之佐有朱明舜臣有朱
斨論語有朱張莒穆公臣有朱厲附范蠡
止於陶稱朱公莊周書有朱泙漫龍魚河
圖有朱隱娥並在邾去邑爲朱之前

厥後枝條蕃衍其盛大者有沛國丹陽永城吳郡錢塘義陽太
康諸族惟河南朱氏爲虜姓別見魏書官氏志渴燭渾所改唐林寶謂可足渾

可朱渾疑並與渴燭渾同隨音轉耳沛國之顯者前漢大司馬長史詡生浮浮字公叔大司馬大司空新息侯生下邳太守永永九世孫吏部尚書尚尚生質司徒質二子寓卓漢書作寓唐書宰相世系表作禹寓司隸校尉青州刺史與李膺杜密同稱八俊坐黨錮復與膺密死獄中同時朱楷稱八及與寓異郡子孫避難丹陽遂爲丹陽朱氏之祖三國時仕於吳者丹陽有安國將軍故鄣侯治治嗣子然字義封兖州牧左大司馬當陽侯治後生四子才紀緯萬歲才武衞校尉偏將軍紀娶孫策女領兵爲校尉才生琬鎮西將軍吳郡之族自先漢功臣都昌侯軫漢書功臣表作軫元和姓纂作畛侍中主爵都尉買臣元帝時有朱買臣爲武昌太守與此不同右扶風山㨂後仕吳者有前將軍青州牧嘉興侯桓生大都督異桓弟據字子範尚公主驃騎將軍雲陽侯以擁

護太子死二子熊損熊子宣尚公主驃騎將軍而當孫吳立國之前錢塘有光祿勳賓會稽有太尉錄尚書事西鄉侯儁字公偉儁子豫章太守皓並以勳伐顯聞自是以來族望冠東南遂爲天下右姓所謂東南曰吳姓朱張顧陸爲大是也

〔辨證〕柳氏芳曰秦旣滅學人皆失其本系漢興司馬遷父子脩史記因周譜明世家迺知姓氏之所繇出魏立九品置中正尊世冑卑寒士權歸右姓晉宋因之始尚姓焉周建德氏族以四海通望爲右姓隋開皇氏族以上品茂姓爲右姓唐貞觀氏族志凡第一等則爲右姓路氏著姓畧以盛門爲右姓柳沖姓族系錄凡四海望族則爲右姓不通歷代之說不可與言譜

也

又曰過江則爲僑姓王謝袁蕭爲大琅邪王氏陳郡謝氏汝南袁氏河南蕭氏皆以永嘉之亂南徙東南則爲吳姓朱張顧陸爲大皆孫吳以來貴族山東則爲郡姓王崔盧李鄭爲大此所謂郡望也王氏太原崔氏清河盧氏范陽李氏趙郡鄭氏滎陽關中亦號郡姓韋裴柳薛楊杜首之此關西之望也楊氏華陰韋氏杜氏皆京兆裴氏柳氏薛氏皆河東代北則爲虜姓元長孫宇文于陸源竇首之

謹按三國志朱治傳公族子弟及吳四姓朱張顧陸爲吳四姓多出仕郡郡吏常數千人世說新語吳郡有朱張顧陸爲四姓三國以來四姓爲盛唐書四姓舊目朱武張文陸忠

顧厚四姓舊目朱武張文陸忠顧厚三語唐書蓋本世說新語

又按欽定古今圖書集成氏族典引蘇州府志朱氏盛大者有九族吳郡居其一郡之穹窿山有朱氏墓碣字已漫滅其可讀者云一十六世四百二十九年居下邳自平始三年避地至會昌壬戌凡八百四十二年籍於吳此唐時子孫追敘其先過江歲月也謹按自唐武宗會昌二年壬戌上溯八百四十二年為西漢平帝元始元年辛酉云平始三年者意傳寫字譌歟

凌氏迪知曰自族別為姓姓別為望望別而為房故姓多則譌其族望多則譌其姓房多則譌其望必然

之理也

錢氏大昕曰士旣貴顯多寄居宅鄉不知有郡望者蓋五六百年矣惟民閒嫁娶名帖偶一用之言王必瑯邪言李必隴西言張必清河言劉必彭城言周必汝南言顧必武陵言朱必沛國其所祖何人遷徙何自槪置弗問此習俗之甚可笑者也

謹按漁仲鄭氏謂自隋唐以上官有簿狀家有譜系官之選舉必繇於簿狀家之昏姻必繇於譜系歷代並有圖譜局置郎令史以掌之仍用博通古今之儒知撰譜事凡百官族姓之有家狀者則上之官爲考

定詳實藏於祕閣副在左戶若私書有濫則糾之以官籍官籍不及則稽之以私書此近古之制以繩天下使貴有常尊賤有等威者也所以人尚譜系之學家藏譜系之書自五季以來取士不問家世昏姻不問閥閱故其書散佚而其學不傳

晉祚播遷衣冠南徙遂有踰嶺居始興者宋元嘉中陸徽自始興太守除廣州刺史上表薦郡從事朱萬嗣大約謂萬嗣字少豫年五十三理業冲夷秉操純白行稱私庭能著官政雖氏非世祿宦無通資九總州綱三端府職頻掌蕃機屢績符守年暨知命廉尚愈高冰心與貪流爭激霜情與晚節彌茂确然守志

不求聞達實足以澄革污吏洗鏡貪氓如得提命禮闈抗迹朝
省摶嶺表之清風負冰宇之潔望則恩融一臣而施光萬物敢
緣天澤雲行榮加遠國云云嶺外朱氏自是揚聲惇史沿唐逮
宋門才不墜元祐時有新州司法參軍纓崇寧時有廣州司理
宗愈嘉定時有新喻尉晞叟寶祐時有恩州文學廷直並繇廷
試特奏通籍南雄州保昌族屬迺霦霦炤曜嶺海間矣

【辨證】黃氏佐曰自漢末建安至於東晉永嘉之際中國之
人避地者多入嶺表子孫往往家焉其流風遺韻衣
冠氣習薰陶漸染故俗漸變而俗庶幾中州

謹按　大清一統志南雄府秦爲南
海郡地漢爲豫章郡南埜縣地見舊唐書地理志李

吉甫元和郡縣志以始興縣本漢南海地誤三國吳永安六年分置始興縣屬始興郡晉及宋齊因之梁天監六年置東衡州又析始興分置安遠郡隋平陳郡廢大業三年屬南海郡唐武德四年屬韶州五代南漢乾和四年始分置雄州宋開寶四年曰南雄州寰宇記以河北路有雄州故加南字屬廣南東路宣和二年賜郡名保昌元至元十六年改南雄路屬海北廣東道明洪武元年改南雄府屬廣東布政司

本朝因之保昌縣附郭

又按南雄府嘉慶十二年降爲州省保昌

縣

又按廣州府志洪武初尙有保昌舉人朱壽賢貳令南海廣東通志永樂中尙有保昌進士朱子福官行人萬歷中有朱燦然官富川令均宦績著聞有傳

度宗咸淳末保昌民因事移徙有諱元龍者與弟元鳳元虎浮桴南下散居九江上沙及淸遠湛江鐵頭岡新會水尾等處而九江上沙迺元龍公之族也九江於鄉屬南海或相傳公抵南海僑居邑東偏太艮（太艮後更名大艮明景泰三年析置順德縣遂爲縣治）定宅九江厥墓在焉（今在九江牛山巳丙嚮）是爲上沙始遷之祖代遠洊經世難齒歷行實多弗詳舊譜稱公配梁氏生子二長諱子誌次諱子議子

誌別籍鄉中洛口（今世絶無考）數傳或遷居東安（舊譜云爾謹按舊譜創輯於萬歷時東安爲羅定州東安縣爲廣西蒼梧縣東安司今不可考）子議字獻謀守廬墓遂定著爲廣州府南海縣九江鄉上沙里人（九江鄉景泰初賜名儒林鄉見鄉志）次子別宗不敢嗣初祖後世以獻謀府君爲始祖云府君際元明革命潛德邱園慶基彌固數傳以後宦業行藝史志不絶書至迺疾風板蕩忠孝弗隤其家聲廉里讓鄉愛利遵承乎庭誥君子之澤百世仰之是故朱氏一宗望於沛國光烈於丹陽錢塘吳郡裔於始興放於南海又五百有餘歲士食舊德之名氏農服先疇之畎畝生聚數萬指率親念祖繩繩不墜以至於今

〔辨證〕黎氏春曦曰宋咸淳六年詔徙保昌民實廣十年正月朔衆至九江大洋灣筏破登岸散處我鄉生聚自

此始繁
又曰我廣州各家族譜始祖多自南雄珠璣巷來相
傳宋咸淳閒有胡妃逃死珠璣鄉人慮禍相率結筏
挈家順流而下至九江大洋牌爲水漂壞登岸散處
其地以此得名（地名破牌角）胡妃事涉不經或考咸淳六
年徙保昌民實廣則北江水淺乘桴而來事信有之
釋一靈廣東新語曰珠璣巷得名始於唐張昌昌之
先爲南雄敬宗巷孝義門人（謹按南漢始分置雄州宋始改南雄州此遽稱南雄似誤）其始祖輣生子興七世同居敬宗寶歷元年朝
聞其孝義賜興珠璣條環以旌之避敬宗廟謚因改
所居爲珠璣巷

羅氏天尺曰予讀廣州巨族譜多遷自珠璣巷乾隆己未計偕歇嶺下訊土人果有珠璣里殊鮮衣冠族何陵谷變遷一至此也隨閱胡黃門保昌志紅梅司屬邨有上北一都都有沙水街近塘汎想所謂沙水邨舊傳匿蘇妃即其地也

謹按黎氏云胡妃羅氏云蘇妃俗說不實流爲丹青足徵其事之淆譌

又按宋史咸淳八年秋九月有事於明堂賈似道爲大禮使禮成大雨似道期帝雨止升輅胡貴嬪之兄顯祖爲帶御器械請如開禧故事卻輅乘逍遙輦還宮似道大

怒曰臣爲大禮使陛下舉動不得預聞乞
罷政卽日出嘉會門帝固留之不得迺罷
顯祖涕泣出胡貴嬪爲尼似道始還是時
民間譌傳胡妃逃難事或因此此事亦載齊東野語
咸淳遺事而咸淳遺事較詳今以附錄八
年壬申秋九月祀明堂詔曰崇節儉而國
用猶絀斥貪殘而民瘼未蘇堅壁相持蠛
蝨生於介胄連營久戍牛馬疲於轉輸深
惻於懷未燭厥理匪藉高穹之祐曷臻廣
宇之安卜用辛之吉既有典常戒先甲之
期罔不祇肅我將我享亦惟治外內而始
憂勤有報有祈庶幾去灾害而來福祉朕
以今年九月有事於明堂咨爾攸司各揚
迺職相予肆祀毋或不恭是歲賈似道爲
大禮使胡美人之兄胡顯祖帶御器械爲
太常理直駕宿太廟之翌日壬戌質明上
將升玉輅大雨如注顯祖檢討開禧登輅
遇雨乘逍遙子典故上聞上於是冒雨乘

逍遥子直入和寧門百官愕然莫知所以
禮成肆赦似道奏臣充大禮使而陛下舉
動不得預聞乞罷政即出嘉會門待罪於
浙江亭遣中使降御筆勉留之曰適者用
辛大報款原廟祼太室氣景晏溫神祇祖
考之安樂於此可驗暨將事於總章質明
而雨俄即開霽至躬執圭幣以展孝思星
月明潔天宇肅清神旣介享端闈肆御霈
澤滂流朕方歸轎東朝以奉怡愉之樂忽
覽奏牘師相遽以遇雨引咎翩然出關駭
愕徬徨罔知所指遽若避法駕而不御此
朕所以盡寅畏之實而不害其爲熙成矣
師相豈可借以言去邪其勉爲朕留似道
乞去不已三降御筆勉留仍鐫罷胡顯祖
官及出其妹胡美人付妙靜寺爲尼似道
遽還朝次日羣臣稱賀上曰合宮藏事上
天孚佑此皆二三大臣顯相之功似道奏
曰熙事告成茲蓋陛下聖德格天所致臣
使領失職禮合引去陛下不惟赦之復使
之留上曰朕爲小人所誤今幸師相肯留
似道復奏曰臣深慮累犯天威之不可貸
又以恩眷有加强顏就列靡捐以報實惟

素心保全末路更祈勿替最是赫然天斷
勇決無疑使郤輅之譏轉而爲合辭之贊
臣以爲懷姦罔上之誅正於一時去讒遠
色之德垂於萬世有君若此誰忍負之上
亦再三遜謝而罷云云按此作八年壬申
與宋史合齊東野語則作壬子咸淳無壬
子也

考異廣東新語吾廣故家望族其先多從南雄珠璣巷而
來蓋祥符有珠璣巷宋南渡時諸朝臣從駕入嶺至
止南雄不忘枌榆所自亦號其地爲珠璣巷如漢之
新豐以志故鄉之思也

謹按乾隆府廳州縣圖志廣州府宋曰廣
州中都督府南海郡清寧軍節度爲廣南
東路元至元十五年改爲廣州路屬江西

行中書省明洪武初曰廣州府爲廣東布
政使司治　本朝因之
又按九江鄉在會城西南一百四十里上
沙在鄉中西南境鄉志謂萬歷十年邑令
周文卿奉命均田將鄉內畫爲四區東區
自三合海抵甘竹西區繇田邊抵河淸南
區繇田邊抵海口北區繇大同抵三合海
四區今曰四方上沙故隷屬西方
又按舊譜我祖胥宇一朝本支百世歷經
滙江太艮等鄉而爰止於是者廣州府志
謂郊原如綺絃誦相聞黎庶艾康文物蔚

炳其蕃盛直與中州相埒南海縣志謂科第蟬聯名卿鼎立聲名文物炳炳烺烺濂溪過化猶有存者府志又謂九江及河南郇堡皆平原沃壤物產豐饒廣東新語謂九江地如棊枰其黑脈者隄也其方罫者池塘也池塘以養魚隄以樹桑土無餘壤人無敖民蓋風俗之美者也史稱水居千石魚陂是也據此則當日攬輝爰宅良非偶然劉知幾曰能言吾祖郯子見師不識其先籍談取誚敬告子孫其世世念之據尚書孔氏傳尚書正義尚書纂傳尚書後案尚書釋天春秋左傳公羊傳穀梁傳春秋

經傳集解春秋釋例世族譜春秋正義
欽定春秋傳說彙纂春秋簡書刊誤
半農春秋說春秋大事表春秋地理考實
春秋異文箋禮記禮記鄭氏注禮記正義
周禮周禮賈氏疏序大戴禮大戴禮補注
禮書五禮通考孟子題辭焦氏孟子正義
孟子出處時地考四書釋地又續經典釋
文唐石經經學卮言說文徐氏補注小學
紺珠六書故唐韻正緯書孝經鉤命決緯
書龍魚河圖史記史記集解史記索隱讀
史記雜志漢書漢書顏氏注後漢書後漢
書司馬彪天文志後漢書章懷太子注三
國志三國志裴氏注晉書宋書魏書新唐
書舊五代史宋史竹書紀年通鑑外紀通
鑑地理通釋通鑑前編通鑑綱目前編國
語國語韋氏注帝王世紀歷代帝王年表
古史通志路史繹史史通史書纂畧山海
經　大清一統志乾隆府廳州縣圖
志齊乘黃氏廣東通志阮氏廣東通志廣
東新語廣州府志南海縣志九江鄉志通
典五代會要文獻通考續文獻通考隸釋
隸續金石萃編家語說苑白虎通義潛夫

論風俗通義聖賢羣輔錄兼明書黃氏日鈔困學紀聞日知錄十駕齋養新錄陔餘叢考六韜莊子淮南子螢蛀子藝文類聚太平御覽冊府元龜玉海山堂肆考御定淵鑑類函欽定古今圖書集成元和姓纂柳氏氏族論姓氏急就篇注萬姓統譜姓氏博考尙友錄歷代名賢列女氏姓譜豫章羅氏譜世說新語廣古今五行志咸湻遺事續夷堅志楚辭章句蔡中郎集徐孝穆集康熙丙申家譜沛國世紀崔吉正夫朱公墓表參脩

南海九江朱氏家譜卷一終

南海九江朱氏家譜卷二

七世孫學懋初輯

十世孫昌瑤續脩

十五世孫士報

十六世孫士仁編校

十五世孫西長

十七世孫奎元捐刊

十六世福元 顯元

宗支譜

圖一 居址附錄䠒覩房所屬支派二世至十九世

一世 二世 三世 四世

始祖子議字獻謀 配關氏

原達字平夫 號上沙

宗亮字允亮 號寅齋

端字□□ 號敬齋

居上沙始定著爲廣州府南海縣九江鄉上沙里人謹按上沙今隸九江西方太平約

配關氏祠扁日顯觀堂今稱顯觀房

廩生徵仕郎配馮氏

配區氏

廣亮　字元亮配陳氏居長㘭頭

耿　字存光號介庵配潘氏

善達　所屬支派詳三卷

稅達　所屬支派詳五四卷

四世

端　見上

五世

光　字德輝號蒙庵廩生配關氏

六世

人傑　字汝才號南所配彭氏

七世

廷輔　字良輔號酉洲配黃氏庶牛氏居大洲

廷弼　字良弼號桃泉

配譚氏
庶鄭氏
居上沙

章
字德美
號林叟
配關氏

人侃
字汝直
號兩岑
庠生配
易氏

人佐
字汝良
號愛竹
配黎氏
居小申

人倣
字汝憲
號學所
配曾氏
居學田

應奎
字啟賢
配楊氏

應白
字啟明
庠生配
倫氏

廷集
字元會
配陳氏

曾
字元錫
號滄洲
配李氏

南海九江朱氏家譜

人儆
字汝翰
號岐所
配李氏
居上沙

漢
字元碧
號鑑池
配關氏

雲
字元實
號南洲
配曾氏

坤
字元載
號翠屏
配黄氏

純
字元湛
號見岡
配鄭氏

崇禮
字敬始
號古松
配周氏

崇信
字議始
號榛崖

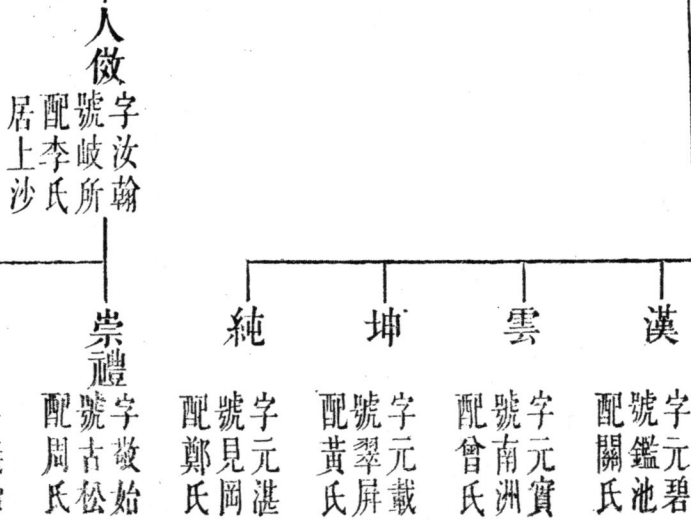

耿 見上

清 字汝潔 號白所 配□氏

萬方 字朝綱 配□氏

廷覲 字會卿 配劉氏

榮 字汝仁 號公爵

文貴 字道顯 號上林

崇樂 字仲和 號一洲

配張氏 繼黃氏

崇學 字進始 號古榕 配關氏

崇業 字富始 號柳臺 配潘氏

崇勳 字建始 號鳳吾 配梁氏

配陳氏

配譚氏

配鄭氏

崇簡 字仲信 號東所 配陳氏

崇相 字仲儒 號泗川 配關氏 繼吳氏

文富 字道盛 號東園 配胡氏

崇卿 字仲襄 配曾氏

崇德 字仲賢 號東陽 配關氏

文昌 字道隆 號前灣

崇夔 字仲敬 號對涯

配岑氏

配呂氏

崇智 字仲恆 號愛如 配李氏

濬 字汝玉 配胡氏 謹按舊譜圖內作黃氏誤據原後傳更正

文絅 字道章 配□氏

科

穗

七世

廷輔 見上

八世

儀 字惟羽 號旋江 庠生配黃氏

九世

大器 字用周 號芬泉 配曾氏

十世

孔陽 字寅昇 號耀東 儒士冠帶配黃氏

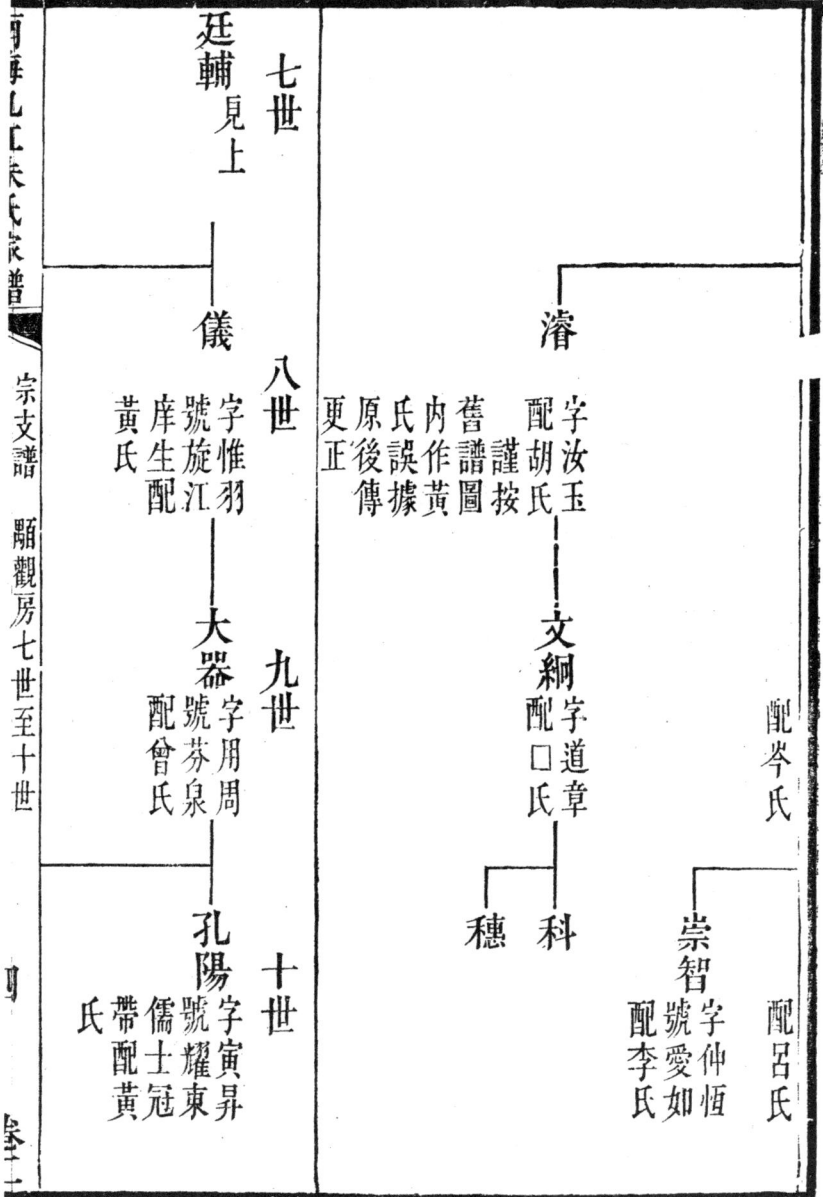

孔昭 字獻德 號青藜 配溫氏

儼 字惟望 號沛江 庠生 配易氏

大年 字用安 號太心 配何氏 庶郭氏

道元 字存真 號燦然 配關氏

大有 字用富 號挺霞 配李氏

一躍 字雲君 號碧龍 配陳氏

大成 字用憲 號振玉 配譚氏 立玉璐繼

玉璐 字顯亭

大韶 字用宣 號青岑

玉珮 字復亭 號貫蕙

配程氏

玉璐 出繼大成
配黃氏

侢 字惟贊 號長江 配關氏

瑞麟 字衍周 配黃氏

啟東 字明進 配胡氏

啟正 字聖蒙 配李氏

价 字惟藩 號知言 配岑氏

大順 字裕賡 號若谷 庠生 配吳氏

祥墨 字染翰 號西園 配鍾氏

祥硯 出繼大任

大任 字仁卿 號雲谷 配黃氏 立祥硯

祥硯 字濡翰 配梁氏

繼

廷弼見上

遜

字惟喬
號九華
配黃氏
庶易氏
黎氏

昌允
字子卿
號達台
配黃氏
庶陳氏

昌鼎
出繼漸

昌祚
字長卿
號玉郎
配伍氏

明陽
字伯誠
號敬台
配盧氏

拱陽
字仲誠
號天就
配關氏
繼關氏

起陽
字伯昭
號柏超
配黃氏

應陽
字仲熙
配郭氏

成陽
字叔燦
配關氏

漸
原名逵
字于漸
號敬源
庠生配
陳氏立
昌鼎繼

昌鼎
字台卿
號懶庵
配薛氏
居沙嘴

東陽
字寅昭
號百生
配馮氏

廷集見上

士昇
字彥可
號鎮岡
配關氏
繼黎氏

智
字貞甫
號念岡
配關氏

才贊
字台暘
號素沖
配張氏

才仰
字台望
號覺南
配關氏
遷居羅
定

才榮
字台恩
號全山

爵　見上

士達　字惟廣　號南田　配關氏

豪　字本雄　號汪泉　配關氏

王臣　字台贊　號星一　配陳氏

王佐　字台衡　號莘樂　配關氏

配岑氏

才華　字台英　號英吾　配黃氏　繼曾氏

才昭　字台明　號拱日　配鄭氏　繼關氏

榮
字本耀
號懷田
配陳氏

王相
字台鼎
號紫垣
庠生配
陳氏繼
羅氏

王偉
字台翼
號新元
配黃氏

王柱
字台輔
號青覺
配曾氏

貴
字自脩
號純白
配曾氏

王鎮
字台弼
號呂伯
配陳氏

華
字自文
號念田
配明氏

王機
字台鉉
號青宇
配關氏
繼李氏

梁氏

漢
見上

士可
字惟簡
號東湖
配黃氏

瑞明
字奥甫
號敬堂
配劉氏

孔誠
字希謀
號肖南
配梁氏
繼曾氏

瑞鳳
字直甫
號仰堂
配鍾氏

孔實
字台垣
號肖瑞
配關氏

瑞芝

瑞鵬

士謙
字惟益
號受亭
配鄭氏

瑞新

雲
見上

士經
字惟準
號雨淮

應道

配郭氏

應義

士綸
字惟思
號樂素
配胡氏

榮脩
字奇安
號沂江
配傳氏

榮業
又名大業
字奇功
號左塘
配岑氏
謹按左塘

文昌
字台卓
號肖蘭
配吳氏

文祖
字台立
號荊玉
配盧氏

文教
字台宏
號青玉
配關氏
繼曾氏

夢登
字台曾
號配玉
配曾氏

夢陽
字台顯
號荊宇

公又名大業據樂素公墓碑增注

配黃氏

榮顯 字奇爵 號華石

配曾氏

大邦 據樂素公墓碑補入

純 見上

士美 字惟芳 號聯岡

配關氏

大秩 字明典 號接源

配關氏

王錫 字芳寵 號耆王

配關氏

夢臣 字台俞

配黃氏

德光 字德朗 號會初

配傅氏

宗耀 字德培 號會存

崇禮見上

容
字惟德
號性齋
配黄氏

孔鮮
字自新
號省齋
配關氏

挺然
字越常
號紫庭
配馮氏
繼關氏

孔華
字自麗
號遂我
配關氏

迴然
字越世
號伍義
配曾氏

崇學見上

烱
字惟服
號龜緒
配曾氏
繼鄧氏

萬禎
字子將
號省野
配鄭氏

配鄭氏

宗煥
字德燦
配黄氏

崇業見上

煥　字惟美　號龜泉　配關氏

萬壽　字自省　配張氏

必洪　字惟重　號九潭　配陳氏　謹按舊譜作號厚山誤據本墓誌更正

萬裕　字君錫　號神岳　配關氏　繼梁氏

德溫　字脩和　號厚存　配曾氏

德恭　字脩敬　號同寅　配關氏

萬禩　字昌奕　號內平　配關氏

德艮　字脩直　號五車　配岑氏

德儉　字脩節　號青松　配陳氏

必潤　字君澤　號召台

萬祺　字吉卿　號凝禧

聲揚　字譽彰　配關氏

配劉氏
謹按舊譜作號蒼池誤據本墓碑更正

配關氏
立聲揚繼

萬祥
字俊卿
號超凡
配周氏
繼岑氏

萬寀
字永卿
配陳氏
立鷹揚繼

萬清
字渭卿
號樂園
配關氏
繼關氏

偉揚
字寶彰
號昭許
配胡氏

洵揚
字麗彰
配關氏

聲揚
出繼萬祺

鷹揚

鷹揚
出繼萬寀

文揚
字道彰
配區氏

南海九江朱氏家譜

崇勳見上

名臣 字君倫 庠生署訓導殉難 配黄氏 謹按君倫公庠生署訓導殉難據世紀增注

萬榮 字貴卿 號克夔 配黄氏

協贊 字偉參 號伯勛 配關氏

茂贊 字誠參 配陳氏

廷覲見上

夢龍 字文化 號起江 配蘇氏 遷居瀧水

崇樂見上

洒 字朝宗 號念洲

成仁 字憲選 號京泉

官樂 字廷美 號接泉

配關氏
繼李氏
謹按
舊譜作
朝忠誤
據海山
公永兆
堂記更
正

配曾氏
繼陳氏

配鄧氏

官有
字廷錦
號葵璧
配關氏
繼李氏

官霞
字廷欽
號拔日
又號齊
卿配陳
氏繼梁
氏

大成
字衍明
號曾吾
配張氏

翰卿
字廷捷
號慶庵
配岑氏

沐
字朝周
號九雲
配岑氏

光朗
字衍貴

河
字朝清
號內江
配胡氏

文祥
字憲彩
號月基
配陳氏

閏德
字廷忠
號接山
配關氏

大進
出繼孟養

崇卿
見上

孟養
字仲衡
庠生配
張氏立
大進繼

大進
字衍松
號鳳廷
配陳氏

萬球
字國珍
配鄧氏

萬來
字天錫
號文倫
配關氏

崇德
見上
謹按東
陽公傳
至十三
世始絶
舊譜失
考據本
墓碑補

池
字□□
配□□氏

大龍
字□□
配□□氏

兆孔
字伯願
配曾氏

大登

法
字□□
配□□氏

大偉
字□□
配□□氏

壯允
字輝如
配□氏
謹按
兆孔壯

人

崇智　見上

混　字□□　配□氏

大受

大奇

沛　字惟樂　配陳氏　繼李氏

有明　字殿卿　號銘石　配關氏

兆孜　字伯友

有耕　字衍卿　號起雲　配李氏

兆滕　字伯生

允舊譜誤以爲有明有耕子據東陽公墓碑更正

沈 字惟澤 配張氏

十世

孔陽 見上

十一世

龍升 字伯登 配關氏

十二世

如林 字際盛 號玉堂 配關氏

如冊 字際泰 配李氏 立天倬繼

十三世

天倫 字敘儒 配關氏

天倬 出繼如冊

天作 殤

天佐 字燦儒 配周氏 繼關氏

天祿 殤

天純 殤

天倬 字聖儒 號德平

配關氏

孔昭 見上

應科 字文覺 號振軒 配關氏

如泰 字際昌 號熾江 配關氏

紹熹 字嗣文 配關氏

紹曾 字敬文 配黄氏

如貴 出繼應台

應台 字文明 號正軒 配關氏 立繼如貴

如貴 字際良 號會江 配關氏

天麒 字瑞文 號蒼石 配關氏 繼劉氏

天慧 字錫文 號樂池 配陳氏

天進 字忠文 配鄧氏

達 原名天拔字耀文號粤叟庠生配張氏

道元 見上

麟祥 字德耀配梁氏

紫貴

朝貴

奎祥 字德章配馮氏

興貴

玉珮 見上

夢桂 字蟾客號天香配黄氏

兆蘭 字以佩配黄氏

天衢 字□□配□氏

天縱

啟東 見上

義龍 字伯才號信侯

連興 字元化配關氏

文德

- 配溫氏
  - 萬龍 字伯飛 號信洲 配關氏
    - 有貴 殤
    - 有華 字永年 配關氏
      - 天長
      - 天敘
- 啟正 見上
  - 英龍 字伯偉 配黃氏
    - 阿德
    - 二德
    - 三德
- 祥墨 見上
  - 象瑚 字美玉 號長洲 配黃氏 繼曾氏
    - 秉忠 字獻士 號海庵 配黃氏
      - 天寵 字麗隆 號昆江 配馮氏
      - 天眷 字德隆 號南山 配關氏

秉孝 字敦士 配關氏

秉禮 字敬士 號源溪

天章 字建隆 號遠猷 配陳氏

天爾 又名天漢字光隆號柳齋配劉氏

天培 殤

天成 出繼秉禮

天祚 字福隆 號東海 配陳氏

天覞

天成 字吕隆 號淨菴

祥硯 見上

明陽 見上

超麟 字振公
配曾氏

帝隆 字元高
配曾氏

秉樂
配陳氏
繼周氏
立天成繼

配曾氏

秉和 外出

奇勳 字鼎庸
配張氏

正卿 字盛長
配盧氏

正球 字麗長
配關氏

正茂 字美長
配關氏

聖隆 字元恩 配關氏 庶任氏

卓隆 字元藹 配陳氏

奇艮 字鼎純 配黃氏

金式

壽熙 字疇九 號箕陳 配周氏

富熙

奇露 字鼎澤 配李氏

奇昌 字鼎盛 號柳軒 配關氏

正興 字禮長 配胡氏

正秀 字榮長 號樂華 配鄧氏

正尚 字德長 配胡氏

正紀 字秩長 號敬亭 配何氏

正言 字秋長 號實夫

拱陽見上

震隆 字長化 號慧存 配關氏

電隆 字尊化 配關氏

配曾氏

正東 字秘長 號純庵 配黃氏

奇鴡 字鼎熾 配潘氏

正相 字國長

嘉祥 字瑞章 號玉山 配關氏

連享 又名建宗 字倫盛 配關氏守節

嘉榮 字華章 配關氏

高享 又名紹宗 字揚先 配口氏

承孔 字聖章 配潘氏

起貴

起陽 見上

士彥 字裕斯 配關氏

奇客

奇相

奇錫

奇浩

應陽 見上

士宏 字元芳 配關氏

奇英 字鼎連 配李氏

奇文 字富九 號厚屏 配關氏

正寧 字君長 配黃氏 繼關氏

奇太 字貴九 號岳屏 配關氏

德寧 字森長 號茂庵 配鄭氏 繼關氏

得貴

成陽見上

士章字元斌配梁氏

有德

胡有

聖有

士貴字元顯配關氏

奇德

二德

三德

東陽見上謹按百生公尙有子孫舊譜失考據敬源公祠累世原主補入

保德字元先號浪游配關氏

應耀字達昌號青陽配吳氏

國瑞字祥泰號忠山配吳氏

國得字用泰號聯山配胡氏

應奇殤

才贊見上

龍光 字景化 庠生配 關氏

應泰 字逢安 號元德 配黃氏

世寬 字敷遠 號柳湖 配關氏

世法 字靜遠 號澄波 配陳氏

世譽 字聲遠 號燕湖 配鄭氏 繼程氏

世登 字善遠 號樂園 配關氏

世啟 字心遠 號沃臣 配關氏

才榮 見上

起齡 字景生 號樂軒 配胡氏

應宸 字逢矩 配關氏

應偉 字逢卿 號元正 配黎氏

世富 字文遠 配何氏

起元 字景湆 配黃氏

應忠 字勷佐 配關氏

國章 字貞遠 號倬漢 配鄧氏 繼陳氏

才華 見上

起潛 字景祥 號靈潭 配黃氏 繼關氏

應君 字逢貴 號隱畦 配關氏

世隆 字茂遠 號伯豐 配陳氏 庶黃氏

世傑 字俊遠 號位山

起仁 字景賢 號希聖 配關氏

起文 字景常 配關氏

配曾氏

應簡 字逢高 配關氏

應霖 字成芳 號上玉 配關氏 繼黎氏

世基 字德遠 配關氏

世穩 字卜遠 配張氏

世祚 字籧伍 號逌西 配張氏 庶陳氏

起禮 字景存 配關氏

應鴻 字炳翰 號凌波 配關氏

應瑞 字輯翰 配關氏 繼吳氏

應璉 字華翰 配關氏

應瑋 字國翰 配關氏

仕祿

仕芳 字佩遠 號寄閒 配關氏

仕帝 字任遠 配關氏

達

光

仕仁

才昭 見上

起魁 字景春號暘谷貤贈教諭配黃氏繼張氏皆貤贈孺人

順昌 字宏矩又字叔劉號北渚拔貢教授配關氏謹按北渚公又字叔劉據木墓誌增注

順龍 字從矩號丈雲儒士頂戴配關

大成 原名湄字伊在號琢齋監生配關氏庶易氏

浚 字旟在配陳氏

洛 出繼順喈

淇 字瞻在號衛泉配黃氏

江 殤

沂 字魯千號南泉

氏庶梁氏

配陳氏

順喈
字困矩
配盧氏
立洛繼

洛
字疇在
號自如
配關氏

順恭
字同矩
號接希
儒士頂戴配關氏

涵
字汪在
號溶波
配關氏
繼吳氏
庶陳氏

王臣見上

應初
字若始
號保赤
配陳氏

逢許
字日亨
配口氏
立士熾繼

士熾
字昌侯
配關氏

王佐見上

應魁
字若元
號長江
配黃氏
繼張氏

逢曦
字日升
配岑氏

文達
字陽生
配關氏

文開
字周生
配張氏

應羮
字若海
號淮江
配黃氏

逢明
字日清
號滄水
配黃氏

逢曉
字日曉
號堯日
配□氏

逢昉
字日東
配黃氏

逢時
字伯升
配關氏

文思
字賢生
配曾氏
繼曾氏

文正
殤

士文
字悅侯
號兌庵
配曾氏

承恩
字錫遠
配關氏

士榮
字桓侯
號錫齋
配曾氏

應林 字若深 號乾江 配余氏

逢暐 字彤升 號鶴齡 配黃氏

逢曜 字日廣 號仁居 配吳氏

逢照 字日昭 配劉氏

士連 殤

開爵 字尊侯 號進公 配關氏

脩爵 字班侯 配胡氏

士斌 字兼侯 配李氏

士熾 出繼逢許

士英 字千侯 配關氏

士驥

士朋 字南侯 配劉氏

王相 見上
有弟 字若哲 號景先 配黃氏
遠照 字良參 配劉氏
士李

王偉 見上立有良繼
有良 字若富 號而樂 配余氏
德詔 字上孔 配陳氏
鵬等
明詔 字上仁 配陳氏
連高
文詔 字上可 號嘉正 配曾氏
士永
武詔 字上知 配吳氏
士貴 字拜侯 配張氏
士元 字浩侯

宗支譜 顯觀房十世至十三世

王柱 見上

王鎮 見上

有紀 字若懿 號敬先 配陳氏

有良 出繼王偉

應郡 字太順 號敬伯 配曾氏

英詔 字上禮 配岑氏

雄詔 字上也 配吳氏

會詔 字際升 配曾氏

錫奇 字帝簡 配關氏

錫恩 字帝眷 配鍾氏

士□ 字元侯

士騰 字兆侯 配關氏

佳雲 字騰生 配陳氏

士德 字貴侯 號寶泉 配胡氏

應禎 字太祥 配陳氏

孫龍 字世蕃 配鄧氏

士賢

繼賢 字擴業 配關氏

繼聖

繼宗 字衍業 配關氏

王機 見上

應貢 字太保 配關氏

學文 字經緯 配關氏

學禮 字彰緯 配盧氏

士貞 字章侯 配關氏

學聖 字英緯 配吳氏

學賢 字德緯 配關氏

孔誠見上

挺材 字若幹 號魯泗 配何氏

棟材 字樂幹 號魯客 配曾氏

學昌 字恭緯 配關氏

名世 字澤望 庠生 配黃氏

春龍 字林望 號樂波 配關氏

時敏 字敬千 配關氏

時鵬 字飛千 配關氏

時傑 字冠千 配關氏

時貴 字詔千 配關氏

沛龍 字震望 號雨辰 配吳氏 繼關氏

樑材 字若璧 號魯參

顯龍 字成彩 號飛雲

時英 字俊千 配黃氏

時鳳 字翔千 配陳氏

時權 字達千 配陳氏

時章 字漢千 配陳氏 庶梁氏

時郁 殤

時惠 字愛千

宏燦 字聚五 號環溪

配陳氏
繼李氏

配關氏

庠生配岑氏

麟兆字仁五
配曾氏

瑜兆字光五
配關氏

珩兆字佩玉
配黃氏

瑾兆字懷五
配關氏

耀龍字煥彩
號陽岳

琮兆字瑞五
號舜班

配關氏

配岑氏

孔實見上

泰運字若照
配曾氏

鼎龍字霑望
配劉氏

時憲字秩千
配陳氏

光龍字雲望
配關氏

時珍字聘千
配曾氏

時待

時友字信千

時敬

雲龍字彰彩
配張氏

熊兆字男五
配關氏
繼曾氏

文昌見上

萬聰字超林
號菊廷
配李氏

榮芝字耀高

萬象 字超茂 配胡氏

榮祖 字公恩 配胡氏

長誠 字能思

榮基 字明升 配何氏

長秀 字實思 配陳氏

長龍 字見思 配□氏

長德 字育思 配關氏

文祖 見上

萬聖 字超任 配關氏 繼黃氏

允龍 字耀星 配黎氏

桂芳 字元攀 號苑容 配張氏

萬秋 字超濤 配關氏

見龍 字耀田 配鄭氏

社榮 殤

萬松 字超柏 號玉潄 配陳氏

成龍 字致雲 配黃氏 繼關氏

貫龍 字致表

社芳 字紉思 號逸畹 配黃氏

文芳 字翰思 配馮氏

蘭芳

聯芳 字序思 配吳氏

謹按 字序思者名聯芳舊譜作蘭芳字序思誤據原主更正

文教見上

萬竹字超武配陳氏庶黃氏

正龍字陽九

騰龍字潤九配關氏

林芳字盛思號履園配黃氏

士龍字翔九配黃氏

帝芳

萬斗字超凡配關氏

燦龍字明昌配鄧氏

元先

萬春字超發配馮氏

延齡字耀輝配梁氏

四鳳字舜儀配馮氏

連鳳字周儀

萬梅字超漢號卓宇

隆祚字德成配關氏

蘭長字國思配關氏

配黄氏
繼陳氏

萃長 字應思
配劉氏

夢陽 見上

萬榕 字超朋
配關氏

惠卿 殤

萬召 字超應
號用偉
配張氏

尚友 字朝卿
號純庵
配關氏

爵文 字官著
號秀南
配關氏

博文 字禮著
號儀則
配張氏

德文 字譽著
配關氏

慎文 字脩著
配曾氏

貴友 字聯卿 號協恭 配黃氏

介文 字善著 號慶餘 配關氏 守節

燦文 字煥著 號昶亭 配曾氏 繼關氏

耀文 字輝著 號曦亭 配關氏 繼關氏

錦文 字明著 號朗亭

配關氏
繼陳氏

萬璧
字超玉
號用信
配馮氏

正友
字語卿
號述軒
配黄氏

鼎友
字九卿
號洛居
配關氏
庶馮氏
老氏

順文
字英著
號蓋洲
配鄧氏

穎文

賴文
字承著
配關氏

顯文
字德著
號厚亭
配梅氏

灝文
字廷著
號脩亭
配黄氏
繼黎氏

王錫　見上

國昌　字廷熾　號龜壇　配關氏

惠　字懷遠　號占齋　配黄氏

世友　字貞卿　號亮節　配關氏

孝先　字倫長　號桂林　配關氏

兆先　字淑長　號迴林　配關氏

文先　字會長

岳先　字泰長　號東林　配關氏　繼陳氏

禹先　字言長　號揚波

配關氏
繼曾氏

國安
字廷祥
號禎壇
配關氏

璉
字商遠
配關氏

衢
字達遠
號樂庵
配關氏

官壽
字彭遠
號老夫
配關氏
繼陳氏

誕先
字登長
號岸亭
配關氏

舉先
字仕長
號朝石
配關氏

麟先
殤

龍先
字威之
號躍田
配張氏
庶譚氏

宦祿 字猷遠 號淸齋 配黃氏

珮先 字憲之 號域成 配關氏 繼關氏 庶薛氏

戊先 字培之 號植亭 配周氏 繼胡氏

田先 殤

進珠 字祐之 號蒼成 配關氏

連相 字贊之 號翊亭 配曾氏

南海九江朱氏家譜

福
原名官福字萃遠號星齋配陳氏

貴先
字正禧配廖氏

紫貴
字瓊之配陳氏

潤貴
字澤林號靄亭配曾氏

疇兆
殤

吉兆
字迪之號樵南舉人州同配陳氏

稱兆
字揚之號北泗

配關氏

夢臣見上

國有字廷溫號高壇配關氏

觀蓮字宏進號喜庵配馮氏繼易氏

富先字耀長配張氏

聯兆字貫之號東源庠生配劉氏

德光見上

顯禮字有恭配黎氏

壽連字遠士配鄧氏

帝康又名康貴字依林配關氏

二康又名二貴字應林配關氏

顯雲 字卿文 配關氏

斌成 字洪士 配明氏

官正 字維賢 號麗夫 配梁氏

官保 字彩賢 號藝夫 配劉氏

敏成

好成 字光士 配劉氏

奇貴 字道行 配陳氏

晚成

顯秋 字偉文 配關氏

正恩

戊恩

顯揚 字有敬 配關氏

壽帶 字南士 配劉氏

俊達 字宣行 配吳氏

- 宗耀見上
  - 顯法 字熙式 配關氏
    - 衍趾 字瑞驥 配黃氏
    - 衍祥 字瑞禎 配胡氏
      - 志 字唐爲 配鄧氏
      - 詳 字煥爲 配陳氏
    - 衍慶
  - 顯榮 字熙文 配關氏
    - 衍純 字瑞章 配黃氏
      - 功茂 字廷爲 配李氏
      - 功盛 字昭爲 配郭氏
- 壽祿 字猷士 配梁氏
  - 興貴 字徵行 配關氏

功成 字仰爲 號仰夔 配關氏

宗煥 見上

顯富 字積文 配張氏

衍允 字裔蕃 配關氏

衍錫 字鍾蕃 配曾氏

挺然 見上

配龍 字能化 號念庭 配黃氏

仁長 字麟子 配胡氏 繼關氏

壯脩 字德斐 配張氏

壯亨 出繼殿長

義長 字宜子 配關氏

壯韶

繼陳氏

禮長 字遜子 配關氏

志名 字炳長 配關氏

志聲 字錫祥 配關氏

志高 字惠祥 號純波 配左氏

際龍 字文化 號接庭 配張氏 繼陳氏

麟長 字縣子 配梁氏 繼立壯亨

壯亨 字嘉斐 配黃氏

迥然 見上

祚翹 字允千 配衛氏

祖齡 字彭子 配陳氏

德溫 見上

長震 字鼎乾 號淡溪 配關氏

謹按 鼎乾公號舊譜闕注據原主增入

二齡

正始 字調元 配曾氏

永始 字善元 配黃氏

公瑞 字祐佳 配關氏

公愛 字聯佳 配趙氏

公榮

公好 字怡昌 配鄧氏

公志 字宏昌 配關氏

公意 字定昌 配姚氏

崇始　字宰元　配關氏

公仕　字爵上　配曾氏

公憲　字嘉上　配陳氏

公文　字國上　配關氏

德恭　見上

殿客　字師臣　配黃氏

初林

德儉　見上

宗蕃　字沛與　又字沛卿　配陳氏

有禎　字兆元　配關氏

熙連　字捷光　配鄧氏　繼陳氏

業連　字朝綱

有祥
字發元
配陳氏

有裕
字超元
號冠西
配關氏
繼黄氏

上連
字泰光
號寶泉
配鍾氏

合連
字讓光
號湖東
配周氏
庶黄氏

一連
字奕光
號錦堂
壽官配
關氏

三連
字宗光
號毓埜
配關氏
繼黄氏
李氏

聲揚 見上
- 振宗 字廣培 配李氏
  - 承禎

偉揚 見上
- 發桂 字宮培 配關氏
  - 洪禎 字扶南 號尺峯 配李氏
    - 聚長 字秩遠 號其波 配曾氏
    - 智長 字信遠 配馮氏
    - 富長 字麗遠 號靖波 配關氏 庶陳氏

有祺 字沾元 號禹鼇 配梁氏 繼馮氏 周氏
- 學連 字會光 號厚峯 配周氏
- 應連 字聯光 配關氏

發穎 字達培 配馮氏

世禎 字扶萬 配關氏

輿長

禧禎

鵬禎 字騰萬 配陳氏 繼關氏

望長 字明遠 配關氏

鶚禎 字汪萬 配關氏

瑞禎 字帝萬 配關氏 繼周氏

貴長

洵揚 見上

發祥 字昌培 配關氏

桂禎

槐禎 字□萬 配岑氏

發秀 字聚培 配劉氏

文揚見上

發科

發芝字茂培
配關氏
繼馮氏

閏禎字正萬

奇禎字口萬
配黄氏

衍禎字有光

官樂見上

翰禎字聖衛
配黄氏

兆禎字聖祥
配關氏

官有見上

起禎字聖悦
號朝怡
配陳氏

元旺字相卿
配曾氏

阿三外出

倫禎 字聖時 配李氏

元作 字振卿 配陳氏

元日 字升卿 配傅氏

元著 字存卿 配黄氏

正壽 字廣滋 號宏靖 配陳氏

五壽 外出

祿壽 字華滋

科壽 字乾英 配□氏 外出新興河頭

連壽 字朝英 配□氏 外出肇慶

奇開 字燦英 配□氏 外出新興河頭

官霞 見上

貴禎 字聖爵 號南岳 配陳氏

嘉禎 字聖文 號南斗

文允 字孟卿 配曾氏

昌允 字熾卿 號福田 配陳氏

世允 字懷卿 號心田 配關氏

元貴 字禮卿 號秩江

達開 字殿英

公壽 字高亮 號廣善 配李氏

祉長 字原亮 號明善 配李氏

桂長 字顯亮 號曠善 配關氏

癸郎 字艮兹 配梁氏

配關氏

朝禎
字聖傑
號南豪
配梁氏
繼關氏

配關氏

元福
字國卿
配黃氏
繼關氏
李氏

元芳
字壯卿
號上行
配劉氏

秋郎
字成茲
配曾氏

戊郎
字達茲
配關氏

觀善
字伯禎
號東誠
配傅氏

觀德
字伯祥
號西誠
配關氏
繼李氏

元標 字雲卿 配關氏 繼鄭氏

元登 字仰卿 號上仙 配曾氏

觀貴 字伯賢 號燕誠 配盧氏

觀富 字伯榮 號忠誠 配關氏 繼梁氏

觀成 字殿舉 號信誠 配黃氏

翰卿見上

啟兌 字聖澤 號善圃 又號江洲 配張

天盛 字松卿 配黃氏

氏繼張氏

按善圖公又號江洲據原主增注

觀明 字亮英 號暮隆 配關氏

君帶 字紳卿 號百齡 配陳氏

德亨 字嘉會 號秀山 配余氏 庶馮氏

德利 字宜一 號壽春 配張氏 繼岑氏

德貞 字章一 號樂賢 配張氏

德元 字乾一 號東暘 配關氏

德太 字保一 號行安

配關氏

德上　字連光　配關氏

君志　字尙卿　配關氏

閏德　見上　謹按接山公有子啟受舊譜失考據海山公永兆堂記補入

啟受

萬球　見上

啟元　字善長　配關氏

夢龍　字正卿

夢暘　字照卿　配陳氏　繼黃氏

壽孫

萬來 見上

啟昇 字清長 配關氏

始旦 字初卿 配李氏

觀榮

孔榮 字宗廣 配□氏

祖旦 字朝先 配吳氏

遇貴

遇榮

阿三

星文 字燦廣 配岑氏

斗文 字旋廣 配陳氏

啟連 字聯長 配關氏

兆孔 見上

帝祥 字世德 配岑氏

帝庚 字世建 配關氏
- 英麟 字周卿 配吳氏
  - 金靈 字秋聖
  - 金榮
  - 金華
- 英芝 字蘭卿 配關氏
  - 金成
  - 潤貴
- 英蚪

帝壽 字世明 配張氏

帝應 字世立 配關氏
- 奉璋
- 奉瓚

榮貴 字景華 配□氏
- 德進
- 阿儒

十三世
天倫 見上 立遇成繼
天佐 見上

十四世
遇成 字泰顯 號信軒 配黃氏（天倫子）
潤成 字蒼榮 配黃氏（天佐子）
德成
遇成 出繼天倫
傑成
耀成
昌成 字明顯 號揚聲

十五世
有謙 字錦光 號繡明 配關氏 繼陳氏（遇成子）
有福 殤（昌成子）

十六世
斌懷（有謙子）
標懷（有謙子）

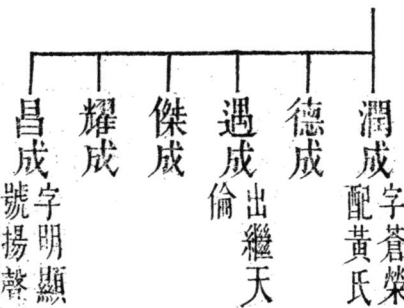

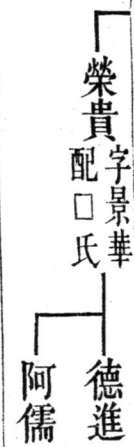

配吳氏
庶梁氏

天倬見上

貴元
字重朝
號湖軒
配左氏

賜福
字澤光
配關氏

有能
字英茂
號雲艮
配關氏

有中
字芝茂
號兆艮

勝懷

進懷

應懷
字長全
配關氏

蔭懷
出繼有芳

孔懷
字煥廷
配李氏

可懷
字發廷
號澄高
配關氏

祐懷
字舍君

本懷

配潘氏

有芳 字長茂 配趙氏 立蔭懷繼
— 蔭懷 字瑞廷 號成高 配張氏 繼梁氏

紹熹見上
— 則先

紹曾見上
— 承先 字茂可 配李氏
— 啟先 字宇可 配周氏

天麒見上
— 敬先 字賢居 配關氏
　— 閏發 字冲林 配胡氏
　　— 國貞 字寀邦 配關氏
　— 洪發 字茂輝 號宜爵
　　— 廷貞 字啟邦 號耀基

配關氏

配吳氏

相貞　字奕邦　配黎氏

怡貞

永貞　字允邦　配關氏

信貞　字進邦　號美祥　配李氏

倫貞　出繼懷發

仕貞　字莫邦　配關氏

次貞　字明邦　號作洲

配關氏
繼余氏

文發
字簡輝
配李氏

世時
字昭行
號世昌
配關氏

艮貞
出繼聖
祐

次先
字循居
配黃氏

榮發
字寶輝
配黎氏

朝貞
字洪邦
配黃氏
繼吳氏

懷發
字浩輝
配馮氏
立倫貞
繼

倫貞
字意邦
配關氏

聖祐
字醇輝
配關氏
繼黃氏
立艮貞

艮貞
字履邦
號盛倫
配關氏

天慧 見上 立顯宗繼

顯宗 字允居 號以信 配關氏

繼

珣 見 字璧彰 號樂亭 配關氏 繼胡氏 陳氏

瑫 見 字秀彰 號青崖 配關氏 繼梁氏

政楚 字冬瓊 聘關氏 守節

魁楚 字能遂

凌 字能植 號學圃 配關氏

天進 見上

步先 字台居 配陳氏

開先

達 見上

恢宗 又名恢先 字擴居 號秉江 聘陳氏 配曾氏

琦 見 字應常 號朝心 配曾氏

㻮 見 字珍常 號德心

南海九江朱氏家譜

宏宗 又名宏先字衍居號蔭堂配陳氏

配曾氏

瑶見 字業常號樂心配李氏

細雄 字禮球號天湖配關氏

璇見 字幹常號布江配關氏

維楚 字定國號清海配關氏

璵見 字天常號德江配關氏

璠見 字朝佐號成江配程氏

琛見 字錦雲號得樂配黄氏繼關氏

賜楚 字定安號伯艮配關氏

超宗 字挺居 號松軒 配關氏

琳見 字盛常 號潔齋 配關氏

球見 字荊常 號誠齋 配張氏

玿見 字正常 號重安 配趙氏

珩見 字永常 號肖巖 配黃氏

翘楚 字定剛 號才良 配程氏 繼胡氏

志楚 字作南 號槐亭 配關氏 繼唐氏 庶陳氏

南海九江朱氏家譜

豪宗 字華居 號直庵 配關氏

琨見 字兆常 號迪祥 配關氏 繼陳氏

琞見 字朗常 號遠齋 配岑氏

成楚 字相南 號輝甫 配關氏 繼孔氏

憲楚 字建南 號厚崑 配關氏

仁楚 字智南 號裕崑 配陳氏

敏楚 字勝南 號壯輝 配高氏

雄楚 字化南 號光泰 配岑氏

梅見 字健常 號純莊
配張氏
繼岑氏

藝楚 字佐南
配程氏

全雄

三雄

四雄

九弟 字啟南 號家聲
配梁氏
庶唐氏
程氏
秦氏

十弟 字日南 號家芳
配關氏

顯宗 出繼天慧

榮宗 字慶居 號樂泉

璘 原名玻 見字璘

汝鏞 字景南
配鄭氏

配黃氏

瓊見 字鏘曜 號餘盛 配關氏

曜 號我坡庠生 配鄭氏

亮鏞 字靄祥 號雲安 配曾氏

夔鏞 字景祥 號碧溪 壽官 配潘氏 庶關氏

鈞鏞 字以祥 號麗水 壽官 配關氏

賡鏞 字獻祥 號雲亭 配關氏 繼文氏

天衢見上

拜湖 字佐玉 號惟州 配張氏

湛斯 字智昌 號預豐 配陳氏 外出恩平

培斯 字其昌 號文山 配黃氏 外出恩平

正鏞 庶關氏

恩隆 字昭源 配余氏

恩時 恩隆恩時並居恩平

恩富

恩貴

恩有 字昭麟 配吳氏 恩富恩貴恩有並居恩平

天寵 見上

天眷 見上

登弟

明弟 字顯墀 號揚州 配張氏

占斯 外出恩平

新進 字正廣 號聞一 配陳氏

端進 字舜傑 號瀟湖 配梁氏

恩進 字昇廣 號以知 配張氏

奕進 字元廣 號漣山 配關氏

暢岐 字致渲 配呂氏

霜岐

海岐 字滿渲 號宜齋 配關氏

居岐 字惠渲 配陳氏

漢岐

勝岐

燊岐 字瑞典 配馮氏

天章見上

聯弟 字會墀 號芳堂 配李氏

北進

乾進

友弟 字耀堦 號揚輝 配關氏

賢進 字煥廣 號靜安 配黎氏 繼馮氏

炳進 字燦廣 配馮氏

寶岐 字榮西 號穿海 配黃氏

錫岐 字成西 號明海 配岑氏

璧岐 字英湄 配曾氏

榜岐 字秉湄 號岳泉 配黃氏

天爾見上

林弟 字燕墀 號瓊所 配潘氏

科進

天祚見上

秋弟

勝弟 字敬墀

天成見上

華弟 字振墀 號成泉 配黎氏

東進 字鴻廣 號西涯 配關氏

迪岐 字永湝 號樂軒 配關氏

湛岐

細華

正卿見上

仕明 字廷爵 號騰芳 配馮氏

維大 字德昌 配陳氏 立西球 繼

西球 字序常 號直湖 配關氏 庶陳氏 何氏

正球見上

正茂見上

觀明

仲明字日爵配張氏

佑明字志爵配關氏

亮大字信昌號立軒配關氏

西球出繼維大

北球字其常號玉湖配黃氏庶關氏

貴球字寶常號厚齋壽官配關氏

- 正興 見上
  - 健明 字乾爵 號清泉 配莫氏
    - 雄大 字勝興 配林氏
    - 湛大 字佐昌 配關氏
      - 炳球 字煥常 配鄧氏
      - 戊球 字志常 配關氏
    - 汝大 字德興 配關氏
  - 才明
- 正秀 見上
  - 顯明 字耀爵 配陳氏 庶何氏
    - 仲大 字履中 配區氏
      - 能舉
      - 能慶
    - 程大 字和中 配關氏

正尙 見上

正紀 見上

著明 字雄爵 配關氏 繼黃氏

耀明 外出

新明 字萬爵 號逸湖 配關氏

祥大 字兆中 配李氏

元大 字璧廣 號樸軒 配關氏 立春球繼

順大 字懿昌 號逸軒 配彭氏

能發

能業 字占良 配關氏

東球 字開榮 配黃氏 守節

春球 字啟榮 號靜波 配張氏

春球 出繼元大

秋球 字顯榮 號惠廷 配關氏 繼周氏

建明 字文爵 號理庵 配關氏

貴明 字達爵 配鄭氏 繼關氏

華大 字璧昌 配關氏 繼陳氏

林大 殤

永大 字恆昌 配黃氏

壯大

全大 字應廣 配崔氏

作球 殤

閏球 字煊榮 號愛廷 配張氏

福球 字德榮 配曾氏

富球

政球 字端榮 號樂崖 配關氏

柏球 字溢榮 配關氏

繼關氏

世明 出繼連享

賢明 字炳爵 配張氏

宗大 字富昌 號有軒 配張氏

孔大 字懷昌 配岑氏 立三珍繼

成大 字粹廣 配鄭氏

二珍 字冠榮 號竹居 配陳氏 庶梁氏

三珍 出繼孔大

四珍 出繼成大

三珍 字建榮 號卓亭 配關氏 庶蕭氏

四珍 字錦榮 號萼庭

繼陳氏
立四珍
繼
配關氏

正言見上

賜明字殿爵
配何氏

堂大

學大

福明字興爵
配林氏

進明字昇爵
號樂隱
配明氏
繼關氏

鎮大字繼昌
配何氏

富明字日章
號德隱
配陳氏

光宇原名義
大字維
昌又名
翼廷字

庭森原名澄
湘字廷
琛號普
存副貢

維垣號曉崖監生配黃氏

分發教諭配曾氏

配程氏

正東見上

沛明字浩爵號林隱配曾氏庶湯氏

保大字仁昌配張氏立逢貴繼

逢貴字廷瑞號泰朝配廖氏

壽大字政廣配關氏庶勞氏

逢貴出繼保大

才貴字廷光又字庭勷號鑑人配黃氏繼蘇氏

敬大字秀廣號玉田

坤隆字宏光配岑氏

配關氏

康衢 原名同大字協廣號平波壽官配張氏繼李氏

恩隆 又名子霈字元杓配鄭氏

芳隆 字能杓配關氏

鏗隆 外出

培大 字植廣配黃氏庶吳氏

錦元 字儀光配老氏

連亭 見上立世明繼

世明 字朝爵號貴廷配黎氏

乾大 字茂昌配黃氏

南球 字晉廷配曾氏

平大 字偉昌配黃氏

祖珍 字廷璇配黃氏

有大 字成吕 號富軒 配黃氏

錫球 字釗榮 號引福 配岑氏

杏球 字炳林 號離齋 配曾氏

廣球 字炳榮 配程氏

俊球

正寧 見上

靄明 字靈爵

浩明 字賢爵 配劉氏

大經 字燕廣 配羅氏

大垣 字業廣 配關氏

保球

熙明 字毓倫 配劉氏

大剛 字凌廣 配區氏

根球

鎮球

重球

璧球

大榮

大益

大背

德寧 見上

科明 殤

曾明 字景倫 號平海 配岑氏

維鵬 字翼廣 配鄭氏

純貴

純德

純林

國瑞見上

象昇字景輝
號廷甫
配郭氏
繼陳氏

仕璋字志儒
號東叟
配關氏

維建殤

維權字任廣
配曾氏
繼關氏

維舜殤

信大字升南
號正垣
配胡氏

京文字榮南
號鵬靈
配曾氏

純聖字英遠
配關氏

純恒

純艮

南海九江朱氏家譜

三

國得 見上

象奇 字光輝 號悅周 配關氏

仁璋 字上儒 號愛賢 配梁氏

惠璋 字升儒 號敬賢

世中 字富成 號有基 配胡氏

高興 字明多 號爵朝

有璋 字廣儒 號茂蘭 配陳氏

焕璋 字達儒 號善敷 配胡氏

直秀 字昌南 號星垣 配張氏 繼李氏

緒成

燕成

儲秀 字遇吉 號永泰 配陳氏

遠秀 字顯吉 號安泰 配關氏

配馮氏

配關氏

象修　字元輝　號悅登　配馮氏　外出香山小欖

茂璋　字寧儒　號應全　配李氏　居香山小欖

昇　字潛成　配何氏

如璋　字兆儒　號蟠全　配張氏　居香山小欖

汝明

汝光　字長成　號雲齋　配譚氏

汝卓　字裕成　號達齋　配盧氏

世寬　見上

帝保　字佑茲　配關氏

世法 見上

帝周 字普仕 號愛日 配馮氏

次言 字接上 聘關氏 守節立 壬春繼

壬春 字靄昭 號燕齋 配黃氏

帝元 字惠茲 配黃氏

朝熙

帝養 字致仕 配梁氏

佳 字麗儒 號秀峯 配劉氏 庶黃氏

沛春 字亮昭 配梁氏

壬春 出繼次言

敬春 出繼二佳

二佳 字輝儒 配關氏 立敬春 繼

敬春 字景昭 號霞齋 配關氏

帝成

世譽 見上

帝長 字孟仕 號彥良 配陳氏

□□ 字佐上 配張氏

正春 字溢海 配郭氏

連春

朝宰 字弼上 號純峯 配黎氏

□□ 字同上 配關氏

永春 字溢球 配鄧氏

□□ 字禮上 配曾氏

醉春

世登 見上

帝先 字端仕 配張氏

□□ 字其福 配梁氏

逢春 字汝清 配鄭氏

遇春 字暢清 配關氏

帝廷 字錫仕 號雲衢 配關氏

賢位 字其祿 號鯤池 配梅氏

直剛 以字行 原名德春 號仁山 壽官 配潘氏 庶劉氏

世啟 見上

帝旺

帝相 字俸仕 配口氏

易開

帝財

帝興

帝珍

帝寵

世富 見上

帝賢

國章 見上

上翘 字翔仕 配關氏

先登 字燦周 配吳氏 繼關氏 庶陳氏

昌賜 字寶榮 配關氏

□□ 字興周 配劉氏

昌才 字始榮 配陳氏

昌貫 字德榮 配關氏 庶胡氏

□□ 字文周 配關氏

昌賢 字洪元 配關氏

上義

世隆 見上

家喜 字燕寧 號靖安 配關氏

正桓 字可居 配關氏

正韶

家慶 字紹寧 號承安 配鄭氏

正業 字詒昌 號磐石 配關氏 繼李氏 黄氏

正立

正詵 字翹蔭 號寶和 配黄氏

正本 字瓊蔭 號賢和

初協

初登

長金 字柱臨 配周氏

阿六

長斌 字燦臨 號璀圃 配關氏

初憲 字智臨 號雲圃 配潘氏

初曜 殤

睿臨 以字行 原名初

配關氏
庶潘氏

裕號德甫壽官
貤贈待詔配關
氏繼潘氏皆貤
贈孺人

初禧字建臨號任甫
配鄭氏

初祜字注臨
配張氏

初祝字惠臨號潤甫
配李氏

初褭字經臨號綸甫

壽官配
關氏

世傑見上

家植字靄朝
號建庵
配鄧氏

正明字啟東
號春亭
配吳氏

正道字璧東
號祐亭

初祺字照臨
號濟甫
配關氏

初顯字丕臨
號柳塘
配梁氏
繼關氏

初榮字奕臨
號荔塘
配關氏
守節

初誕字恒長
號洛山

配張氏
繼配關氏
繼周氏

家盛 字振朝 號海庵 配張氏 繼劉氏

正文

正元

美同 字錦霞 號浩泉 配關氏

戊桂 出繼如偉

星桂 字永臨 號垂之 配吳氏 繼鄭氏

美舉

美來 字懿霞 號復泉 配潘氏

明桂 字瑞臨 號兆之 配鄭氏

家相 字均朝 號純庵 配關氏

世基 見上

家福

世祚 見上

家柱 字廷望 號砥臣 配關氏

家讓 字艮望 配關氏

如偉 字秀光 配潘氏 繼岑氏 庶楊氏 立戊桂

如章 字湛光 配關氏 繼

戊桂 字泰臨 號階平 配李氏 庶程氏

仕芳 見上

連第 字聘元 號慎齋 配黃氏

旺金 字獻南 號雲峯 配關氏 繼張氏 庶古氏

蔭清 字冠倫 號逸開 配黃氏 庶潘氏

灃清 殤

大成見上

眞麟 字伯玉 號不倦 配關氏

眞璨 字宗玉 號一完 配關氏

富金 字麗南 號樂峯 配關氏

焕新 字昭唐 號敬軒 配劉氏

錦章 字緯蒼 號鑑湖 配關氏

燦清 字熾倫 號逸儒 配黃氏

長清

紹祖 字賢俊 號重豪 配關氏

驥祖 字良俊 號植亭 配劉氏

仁甫 以號行 原名其賢 字廷芳 壽官 配李氏

其純 字品芳 號華甫

真粟 字嘉玉 號耕隱 配關氏

學文 字禮本 號立斯 配關氏

學博 字禮庸 號約我 配吳氏

配關氏 繼徐氏

其艮 字彥芳 號懿甫 配關氏 守節

景炘 字耀廣 配程氏

曙炘 字壁芳 配關氏

曜炘 字著芳 配郭氏

學庠 字禮爵 號仁鏡 配張氏 繼岑氏

潤炘 字錦芳 配關氏

眞璠 字國玉 號念齋 配李氏

衍泗 字會蒼 號鎮海 配伍氏 繼李氏 李氏

松齡 字榮芳 號樂閒 壽官 配馮氏 繼李氏

松盛 出繼傳泗

傳泗 字賢蒼 配潘氏 立松盛 繼

松盛 字鵬芳 配黃氏 守節

寶泗 字蔭蒼 配區氏

松柏 字勝芳 配曾氏

眞敉
字璇玉
號衡齋
配關氏
繼汪氏

文高
原名學泗
字浩蒼
號秀亭
監生
配關氏
繼關氏
梅氏
楊氏

學序
字萃蒼
號拔亭
配黃氏
庶關氏
關氏守節

學教
字顯蒼
號昌亭
配羅氏

松長

松年
字幹芳
號南嶺
壽官
配周氏
庶黎氏

松茂

淇 見上

眞蕃 字晉錫 號三盛 配關氏

眞煥 字明錫 號敬愼 配陳氏

汝作 字翕如 號樂齋 配關氏

汝爲 字茂如 號竹圃 配關氏 立懷信繼

汝望 字京華 號泰峯 配關氏 繼曾氏

汝義 字耀華 配梁氏

懷漢 字廣滔 號沛川 配吳氏

懷信 出繼汝爲

懷能 出繼汝謙

懷信 字元滔 號達川 配關氏

新妹 字升滔 號遠川 配余氏

眞勝 字恩錫 號榮軒 配李氏 立汝謙繼

汝洪 字芳華 號挺園 配劉氏 繼關氏

聯貴 字殿光 號月川 配黄氏

和貴 字裕光 配關氏

汝謙 出繼眞勝

汝謙 字世華 配關氏 立懷能繼

懷能 字才滔 號雨川 配黄氏

沂 見上

眞懋 字時省 號直庵 配黄氏

洛 見上

眞案 字潔之 號静安

賜寛 字澤蒼 號雨松

鑫富 字文邦 配關氏

涵 見上

配關氏

配劉氏

財貴

樹榮 字冠邦 配張氏

眞學 字冠一 號隱祥 配關氏

熾文

炳文 字信揚 號明川 配關氏

求貴 字德業 配關氏

達文 字聖錦 配黃氏

眞奧 字孔琛 號樂平 配張氏

焯文 字英揚 號盛庵 配曾氏

熠文 字桂揚 號銓庵 配關氏

懷舒 字岐業 號念周 壽官 配鄭氏 庶

關氏黃氏

真粹 字捷一 號揆常 配關氏

士熾 見上

元桂 字標可

□□ 字拔可 配關氏

熜文 字兆揚 號直庵 配雷氏

光文 字應揚 號明軒 配關氏 庶趙氏

寗舒 字瓊業 號次周 配關氏

聯舒 字世業 配關氏

翼舒

細舒

社貴 字浩業 配李氏 庶胡氏

有貴 字成業 配關氏

文達見上
繼李氏
兆祖字率可
配黃氏
細元
阿白

文開見上
官祖

文思見上
榮祖字業可
號創軒
配馮氏
輝祖字傳可
配鄧氏

士文見上
□□字全可
配□氏
□□字始光
配□氏
阿妹外出
□□字燦禎
配□氏
連科字燕林
號德遠
祥啟字占隆
號滿興

配劉氏
配關氏

慶啟 字耀隆 配關氏

旺啟 字暢隆 配關氏

承恩 見上

兆建 字立可 號參前 配梁氏

士榮 見上

聯德 字怡可 號緒周 配曾氏 立公尚繼

逢德 字際可 號德周 配劉氏

公尚 字秉忠 號心存 配關氏 繼關氏

浩源 字本泉 號遠波 配胡氏

浩瀾 字茂泉 配鄧氏

公尚 出繼聯德

公球 字璧忠 配馮氏

浩艮

開爵 見上

叶祥 字和禎 配陳氏

脩爵 見上

叶吉 字惠禎 配關氏

始芳 字兆林 號茂園 配黃氏

進儒

福儒 字應萬 配關氏

世芳 字昌林 配關氏

文芳 字勝林 配關氏

蒼柏 字松盛 配黃氏

叶瑞 字善禎 配郭氏

公保 字純忠 號厚存 配關氏

浩發 字瀚泉 號瀾渟 配關氏

士斌見上

元興字□□配關氏

延和字暢然號茂夫配黄氏

才先字幹元號挺蒼配張氏

富先字麗元號燕蒼配李氏

延□字寵然配麥氏

阿四字宗喜號榮禮配汪氏

延輝字國然配關氏

進先字貴元配關氏

士朋見上

□□字超可配□氏

延璧字瑞然配關氏

占先

士貴見上

玉倫字開宏號文煥配李氏

興長字恒廣號平樂配梁氏

林旺

成旺

德旺字進明配關氏

士騰見上

御和

衍和

佳雲見上

□□字琁賢配黎氏

魁

士德見上

得茂字□□配關氏

□□字迪朝配黎氏

繼賢見上

近光
字奇榮
號玉山
配關氏

始東
字亮明
號鑑亭
配張氏
繼黎氏

閏德
字富廣
配關氏
繼唐氏
關氏方
氏

敬光
字端榮
號麗山
配陳氏

斐光
字京榮
號郁山
配吳氏

士貞見上

□□
字愛周
配關氏

逢春
字啟祥
配胡氏

七貴
字恆贊
配曾氏

登望外出

九貴 字元贊 號鼎軒 配關氏

洪望

輝望

正望

□□ 字文周 配關氏

邦光 字朝贊 號俐軒 配吳氏 庶關氏 立祖望 繼

祖望 字沛堂 配關氏

官光 字延贊 號衛軒 配劉氏 繼梁氏

祖望 出繼邦光

宗望 字澤堂 配陳氏

芝望 字蔭堂 配關氏 庶王氏

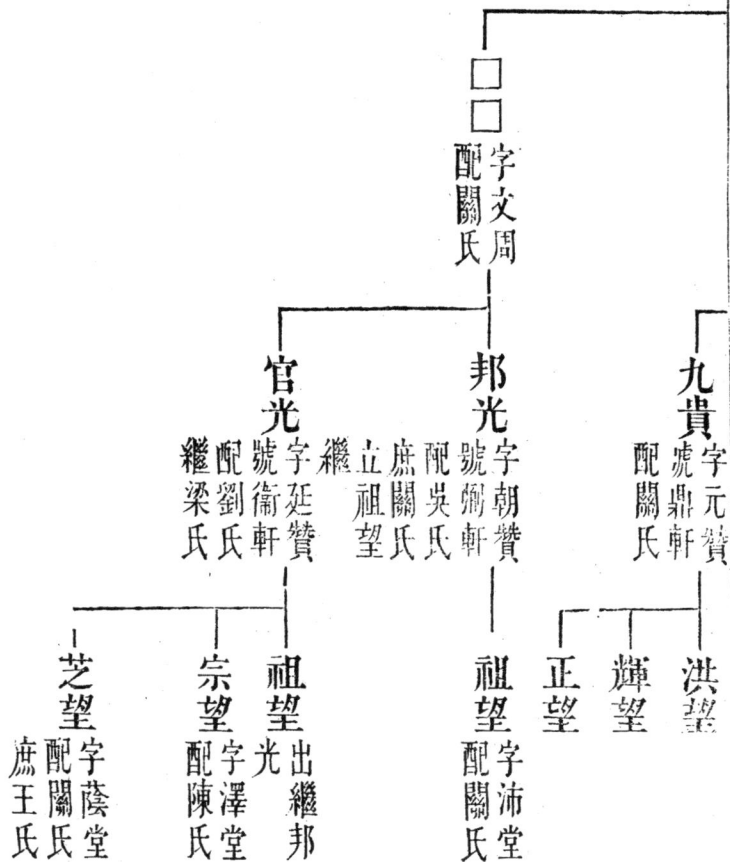

時傑 見上

廷熙 字純可 號含章 配陳氏

廷鼇 字占可 配黃氏 立□□繼

□□ 字建禎 配黃氏

□□ 出繼廷鼇

□□ 字振昌 配李氏

□□ 字履禎 配黎氏

□□ 字偉宗 號茂軒 配黃氏

□□ 字廣宗 號達軒 配李氏

時鳳 見上

廷選

廷宗

時章 見上

□□ 字凝道 配劉氏

□□ 字維東 配陳氏

啟祥 字澤榮 配關氏 庶潘氏

宏燦 見上

言貞 字奮發 號大田 配岑氏

瑾兆 見上

可貞 字宜發 配張氏

琮兆 見上

嚴省 字靜三 配郭氏

常省 字學輿 配張氏

深省 字式輿 號匯川

長鴻 字利揚 號朝典

連輿 字炳元 號善圃

中器 字本廷 配關氏

炎祥 字漢士

配關氏

配胡氏 立連興繼

配馮氏 居鶴山沙洞

次鴻 字近揚 號朝機 配關氏 立連榮繼

連榮 字炳光 號磊軒 配馮氏 居鶴山沙洞

世鴻 字名揚 號朝望 配李氏 外出鶴山沙洞

連興 出繼長鴻

連榮 出繼次鴻

連乙 字炳綿 號善園 配任氏 庶關氏

自省 字兆輿 配黃氏

熊兆見上

源 字昆來 配岑氏

濤

澄

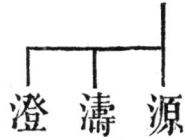

時憲見上

連孫

長秀見上

富奇 字天勝 號奕山 配□氏

繼祖 字緝光 號拱龍 配關氏

純享 字正大 號光明 配關氏

維享 字芝大 配黃氏

熾享 字剛大 配關氏

長龍見上

□□ 字天元 號月朗

□□ 字現光 號占川

明享 字容遠 配黃氏

配黄氏

配關氏

長德見上

□□字天卓號月景配劉氏

桂芳見上

富華字恒爵配關氏

富美字桀爵號樂天配張氏立光照繼

光乙字輝南配□氏

光照出繼富美

光照字耀南號現垣配潘氏

炳昌

廣昌殤

煥貴字錦祺配黄氏

萬興字永祺號配亭配關氏繼黄氏

富□ 字恩爵 配關氏 繼關氏

六正 字英祺 號信亭 配胡氏 繼何氏

梁成 字進祺 配胡氏

社芳 見上

富官 字天爵 號鶴屏 配陳氏

翔鳳 字朝光

煥隆 字時光 號月亭 配梁氏

成大 字紹祺 號朗軒 配馮氏 繼曾氏

文芳 見上

富爵

聯芳見上

富祿

富成 字信基 配黃氏

新弟

富光 字昌基 配黃氏

貴隆 字秩章 配區氏

有隆 字璧揚 號君亭 配關氏

廣大 字蔭祺 配關氏

□大 字葆祺

富輝

富瑜 字廷爵 配黃氏

富榮 字華僑 號樂乾 配關氏

德建 字成立 號本亭 配潘氏 立長大繼

餘大 殤

長大 字浩祺 號仰吾 配關氏 繼周氏 陳氏

德魁 字顯揚 號播亭 配關氏

長大 出繼德建

衢大 字茂祺 號守吾 配高氏

富球 字乾僑

四鳳 見上

富興

富盛

莘長見上

富□字阜賢
配關氏

富朝字潤廷
配劉氏

富□字進廷
配陳氏

阿四字成德
配余氏

溢源

富□字昌廷
氏

富□字祢廷

爵文見上

孫達字擴貽
配關氏

□茂字瓊泰
配李氏

洪章

宏章字冲華
配關氏

戊章

憲章

□茂 字元泰

□茂 字常泰 配梁氏

孫適 字樂貽 配黃氏

聖茂 字時泰 號荔軒 配關氏

龍章

澤民 字應昭 配馮氏 繼譚氏

健民

孫□ 字燕貽

- 博文 見上
  - 孫□ 字國貽 配陳氏
    - □茂 字郁泰 配關氏
      - 卓貢 字廣昭 配關氏
  - 孫□ 出繼愼文
- 愼文 見上 立孫□繼
  - 孫□ 字嘉貽 配黃氏
    - 靈茂 字榮泰 配關氏 繼潘氏
      - 維民 字仁昭 配關氏
- 令文 見上
  - 孫憲 字聖貽 號顯謨 配馮氏 守節立漢茂繼
    - 漢茂 字騰千 號雲程 配關氏
      - 新芝 字昌培 號爲善 配關氏 庶張氏
      - 靄芝 字廣培 號爲良 配關氏

孫賢 字敬貽 號顯謀 配張氏

漢茂 出繼孫憲

喬茂 字達千 號宜軒 配曾氏 繼關氏

雲鵬 以號行 原名正茂 字蕃千 壽官 配關氏

啟芝 字詮培 號爲禮 配黄氏

祥芝 字幹培 號爲仁 配關氏

芳芝 字昌文 號爲義 配梁氏 繼李氏

秀芝 字昌榮 號爲德 配黄氏

燦文見上

社孫字接源 號純德 配馮氏

官保字仰典 號高玉 配曾氏

昆保字美璵 號璧玉 配鄭氏

光保字錦璵 號鎮玉 配關氏

永開字緒昌 號廣日 配吳氏 繼張氏

榮開字容昌 號麗日 配關氏

緝熙字敬昌 號杰亭 配關氏

同開字協天 號和亭 配黃氏

舜開字眷天 號愛亭 配關氏 庶馮氏

錦文見上

順文見上

社□ 字沛源 號泰德 配關氏

□□ 字茂源 配黃氏

□□ 字錫源 配關氏

帝昌 字濬源 號永泉

乾開 字佐天 號燕亭 配黃氏

松保 字永璵

金保 字滿璵 號堅玉 配吳氏

官連 字仕顯 號達聯

楚開

興才 字翹清 號渭濤

配張氏
繼關氏

朝連
字國顯
配潘氏

配關氏

熾南
字佐清
配曾氏
繼羅氏

配關氏

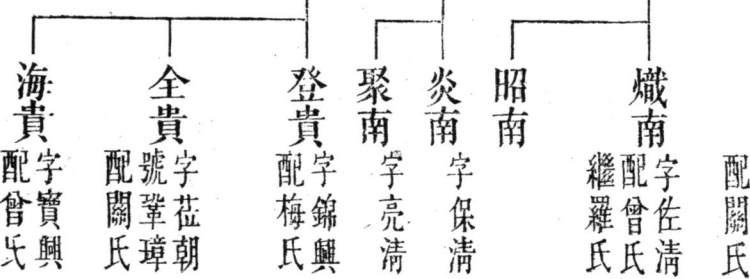

昭南

任連
字仁顯
配關氏

炎南
字保清

聚南
字亮清

顯文見上

孫亮
字奕源
號致樂
配張氏
繼羅氏
張氏

新科
字昇雲
號曉日
配周氏

登貴
字錦興
配梅氏

全貴
字莅朝
號璋璋
配關氏

海貴
字寶興
配曾氏

灝文 見上

- 帝錫 字江源 號瀾泉 配關氏
  - 聯科 字捷雲 配關氏
  - 倫科 字瑞雲 號愛日
    - 耤允

- 孫志 字廣源 配□氏
  - 丙科 字青雲 配余氏
    - 阿浩
  - 壬科 殤
  - 恩科 字建雲 號捧日 配劉氏 繼曾氏 黎氏
    - 玉富
    - 玉貴 字秩朝 配關氏
    - 玉琪
    - 玉球
- 孫□ 字正源

帝祿 字福源
配關氏

配劉氏
繼梁氏

有科 字靄雲
號慶園
配關氏
繼關氏

其科

汝洪 字浩朝
配梅氏

九洪 字漢朝
配潘氏

藉彰 字盛朝
配陳氏

藉壽 字達朝
配吳氏

祥發

英發

- 帝賢 字湛源 配關氏
  - 阿柏
- 孝先 見上
  - 進元 殤
  - 達元 字敦和 配黃氏
    - 縠常 殤
    - 細縠 殤
- 兆先 見上
  - 春元 字始和 配關氏 繼黃氏
    - 開世 字建業 配關氏
      - 社蒼 字際時 配謝氏
      - 細蒼 殤
    - 開成 字鴻業 號壯亭 配周氏
      - 廣蒼 字浩然 配曾氏

岳先 見上 立殿元繼

禹先 見上

殿元 出繼岳先

秋元 字中和 號允軒 配岑氏

殿元 字御和 號緒軒 配關氏

鍾秀 字萬和 配鄭氏

錫秀 字信和 號實夫 配馮氏 庶潘氏

閏端 字正孚 配周氏 繼李氏

相英 字俊孚 號傑秀 配吳氏

相陞 字景孚 配關氏

瑞球 字奇業 號酉遷 配張氏

湛球 字祥業 號清崖 配關氏 繼周氏

章全

章成 外出鶴山

上林 字愛榮 配吳氏

添福 字蔭華 配鄭氏

秋榮 字英華 配關氏

萼標 殤

萼芬

振秀 字興和 號盛夫 配黃氏

意球 字餘業 配黎氏

萼琚

越球 字宏業 配呂氏

萼均 殤

巨秀 字致和 號紹羲 配吳氏

聖球 殤

賜球 字榮業 號壽康

萼培 字暢華 配趙氏

庶吳氏

萼芳

萼芹

萼藻

萼茢 殤

萼莊

配黎氏

佐球 字成業 號贊康 配梁氏
- 夢亭
- 夢槐
- 夢聰
- 夢松 殤

錦球 字相業 號艮㢸 配關氏
- 夢潮 字漢光 配黃氏
- 夢枏

誕先 見上
- 世元 字蘊和 配鄧氏 繼麥氏

舉先 見上
- 協元 字保和 配關氏
  - 顯榮 字德彰 號樸庵 配關氏 繼關氏
    - 裕柏 字傑華 號俊亭 配張氏

惠柏 字邦華 配黃氏

翼元 字健和 號純剛 配關氏
- 徐榮 殤

深元 字翰和 配黃氏
- 潤榮 殤

龍先 見上
- 曉盛 字昌蔭 號日剛 配關氏
  - 珠球 字煥中 配關氏
    - 永滔
    - 永吉
    - 永祿
  - 德球 出繼傳盛
- 傳盛 出繼珮先

珮先 見上 立傳盛繼
- 傳盛 字光蔭 配鄧氏
  - 德球 字道中 配岑氏
    - 永良 殤

立德球
繼

庶曾氏
吳氏

燦榮

進珠見上

殿梁
字楚材
號順庵
配潘氏

盛梁
字名材
號毓山
配關氏

履謙
字宜禮
配曾氏
立文英
繼

守謙
字彰禮
號存義
配曾氏
庶關氏

暢謙
字經禮
配關氏

文英
字聯登
配馮氏
繼李氏

文英
出繼履
謙

冠英
字秀登
配曾氏
繼陳氏

連英
字遂登
配蕭氏

連相見上

棟梁字任宏號毅夫配劉氏

天章殤

學海殤

旺隆殤

會隆殤

柱梁字卓宏號富存配吳氏庶關氏

中謙殤

肇綿字耀芳配張氏

士俊

麒綿字純芳配關氏

錫綿殤

貴先見上

應梁字栅材配曾氏

益謙殤

紫貴見上

廷梁外出新會

京梁字烘材配關氏

泰謙字應兼配陳氏

潤貴見上

登梁字仰宏

次梁字佐宏

吉兆見上

如柏殤

秀柏字凌幹又字凝翰號霞軒配李氏繼黎氏

作謀殤

佐謀殤

久大字賢兼配關氏庶潘氏

以雄

以添

稱兆 見上

十大 殤

挺柏 字貞幹 號正圃 配劉氏 庶李氏

- 養成 殤
- 東榮 字日兼 配曾氏
  - 以發
  - 以揚 外出新會
  - 以能

芳柏 殤

居盛 字永蔭 號廣園 配關氏

- 元啟 字懿兼 號善堂 配陳氏
  - 以佳 殤
  - 以常 字品剛 配黎氏
  - 以安 字焯剛 配關氏 繼周氏 張氏

南海九江朱氏家譜

聯兆 見上

儒盛 字華顯 號岳言 配關氏

連盛

蓋柏 字超幹 號翠亭 配曾氏

細元 殤

奮啟 殤

遠啟 字寀兼 號靜圃 配關氏

同啟 字億兼 號濟堂 配張氏 庶陳氏

保啟 字作兼 號秀峯 配麥氏

以可 字獻剛 配關氏

以齡 字錫剛 配鄧氏

以成 外出

以輝 殤

以權 字志剛 配關氏

帝康 見上

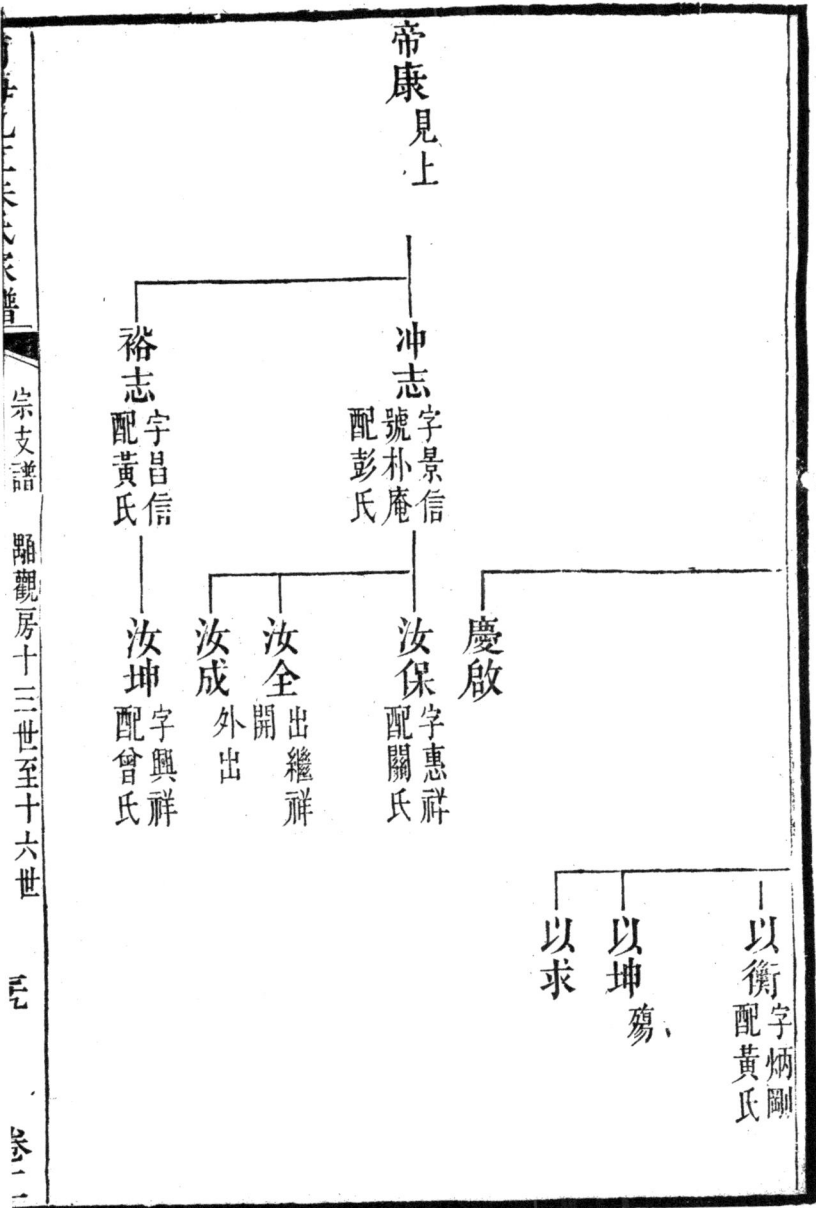

冲志 字景信 號朴庵 配彭氏

裕志 字昌信 配黃氏

慶啟

汝保 字惠祥 配關氏

汝全 出繼開祥

汝成 外出

汝坤 字興祥 配曾氏

以衡 字炳剛 配黃氏

以坤 殤

以求

二康見上

有志 字能芳 號馥亭 配黄氏

富華 字權璧 號澄川 配關氏

萬成 字翰楨 配曾氏

萬湖

萬河

萬福

日華 字東璧 號林川 配黄氏 庶林氏

官正見上

閏德 字會成 號宴園 配關氏

榮光 字朝典 號直亭 配黄氏

晉

純

興貴見上

祥開 字溢堂 配黄氏 立汝全繼

汝全 字茂祥 配程氏

志　見上

阿戊　字漢鵬　配程氏

世戊　字應鵬　配曾氏

汝林　字能清　配吳氏

阿卓

詳　見上

達　字奮鵬　配李氏

新長　字能章　配周氏

阿德

阿洪

五娣　字能昇　配岑氏

進　字信鵬　配黃氏

桂培　字能廣　配周氏

汝榮

汝炎

桂才　字能輝　配黃氏

南海九江朱氏家譜

桂安 字能滔 配陳氏

功盛 見上 — 阿苟 字兆鵬 配李氏 — 作 字能堅 配曾氏

功成 見上 — 元魁 外出新會江門

志名 見上 — 阿珠 字光行 配□氏 — 蕃昌

志聲 見上 — 元懿 字昇廣 配劉氏 — 會明 字道泰 配曾氏

志高 見上

萬成 字華廣 配劉氏

會富

萬有 字裕廣 號紹岐 配黃氏

會榮 字錦揚 號瑞軒 配潘氏

林興 字永然 配關氏

會昌 字顯書

會文 字超秀 配關氏

景孫 字兆然 配曾氏

燦光 字耀然 配關氏

會福 字應懷 號岳榮 配關氏

乾孫 字浩然 配吳氏

趣孫 殤

萬新 字宗廣 號紹德 配關氏

德建 字挺揚 配薛氏

萬元 字善廣 號紹崖 配關氏

會盛 字輝揚

會華 字鷹揚

會堂 字敬懷 配關氏

公瑞 見上

閏賢 字良傑 號清華 配曾氏

璧珍 字奇章 號敏秀 配關氏

孔貴 字兆倫 配關氏

祿貴 字昭倫 配鄭氏 繼馮氏

公愛 見上
- 閏□ 字富傑 配岑氏 立二壁繼
  - 二壁 字容章 號崑玉 配鄭氏
    - 甃家 字植倫 配關氏 繼鍾氏 庶潘氏

二壁□ 出繼閏

公好 見上
- 閏福 字華傑 配曾氏
  - 阿柱 字騰輝 配梁氏
    - 艮高
    - 倫高
    - 維高
  - 世柱 字贊輝 配關氏
    - 奕高
- 細福 字儒傑

公志 見上
- 阿進 字振傑 配陳氏
- 阿壽 字茂蘭 號盛芳
  - 作珍

南海九江朱氏家譜

配丁氏

乾珍

貢珍

寶珍 字建輝 配呂氏

公意 見上

萬福 字祥傑 號隆盛 配□氏

公仕 見上

麗貴 字秀傑 配關氏

燦珍 字恆輝 配彭氏

元錦 出繼阿珠

湖錦 字澤清 配關氏

萬貴 字興傑 配關氏 繼關氏

炳珍 字純輝 配關氏

閏長

松貴 字蒼傑 配潘氏

阿珠 字瓊輝 配郭氏 繼立元錦

元錦

世松 字漢傑 配關氏 庶陳氏
朗珍 字盛輝
芥珍 字珮輝 配曾氏 繼溫氏
麟祥 殤
壽保 字仁清 配關氏
志珍 字彝輝 配陳氏
洪芝
洪才

公憲 見上
悦貴 字俊傑 配劉氏
璇珍 字朝輝 配關氏
祥志 字瑞倫 配曾氏
禮志
安志
銓珍 字揚輝 配關氏
成志 字敬倫 配關氏
有志
球珍 字盈輝 配陳氏
柏志

有貴 字棨傑 配陳氏

翹珍 字錦輝 配關氏

連志 字協倫 配李氏

秋志 字健倫 配蘇氏 繼鄧氏

餘珍 字獻輝 配黃氏

洪志 字浩球 配鄧氏

公文 見上

林柏 字□□ 配□氏

朝珍

相珍

熙連 見上

御璧 以字行 原名文喜 號玉田 鄉飲

斌玉 字卓南 號餘韜 配陳氏

錫禮 字承弼 配蘇氏

全禮

賓配關氏

上連見上

建喜字堯璧號廣亭配劉氏

世建字尚璧號安亭

聖喜字和璧號樂亭

偉才字俊南配黃氏

信才字敬南配譚氏

領才字相南

二仔

榮恩

梓禮字森卿配關氏

合連見上

正科字端璧號仁庵

佐揚字懿南號逸平

德恩字正弼配周氏

配關氏
繼劉氏

配關氏
繼關氏

炎恩
字朝彌
配關氏

根恩

一連
見上

瑛
原名丁長字輯璧號勉亭武舉配關氏繼伍氏劉氏黎氏庶潘氏

鳳揚
原名海字定南號梧軒武舉配陳氏庶茆氏李氏

名揚
原名浩字壯南號彤軒從九品配陳氏庶關氏

官恩
字廷彌號台石配劉氏庶歐陽氏
天恩
字寅彌號亮之配黃氏

詔恩
字榮彌號子宸配張氏繼曾氏

深揚 原名瀚 字注南 號潮溪 監生 配張氏 立世恩繼

漳揚 字扶祐

庶黎氏
唐氏

世恩 出繼深揚

承恩 字相弼 號海帆 配黃氏

福詒 殤

萬恩 殤

世恩 字國弼 配關氏

羽揚 字充南 號燈軒 配黃氏 庶李氏 關氏 胡氏

健祥 殤

健寧 殤

健安 殤

健禎 殤

健康 殤

元恩

美揚 字清南 號寶軒 試生 配張氏 庶關氏

配關氏

荷恩 殤

齡恩 殤

昌娣

三連見上

春科 字掄璧 號敏庵 配關氏 庶張氏

春成 字韶璧 配關氏

澄揚

渭揚 字舜南 配李氏 繼李氏

活揚 字聚南 配關氏 庶譚氏

遠恩

湛權

顯揚 字智南 號漢川 配關氏

耀揚 字照南 號滄川 配曾氏 繼陳氏 李氏

龍恩 字昌爾 配呂氏

開恩 字宏爾 配岑氏

儀揚 字幹南 號平川

配關氏
繼潘氏

學連 見上

壬長 字賢璧 號艮庵 配岑氏

成長 字亮璧 號明著 配關氏

汝信 字經南 配周氏

庚信

恆信

眷南 以字行 原名三信 號顧廷 壽官 配關氏

四信 字浩南 配關氏

杏恩 字庸弼 配關氏

然恩

官有 字燕弼

洪福 字聖弼 配鄧氏

景福 字艮弼 配關氏

應連 見上

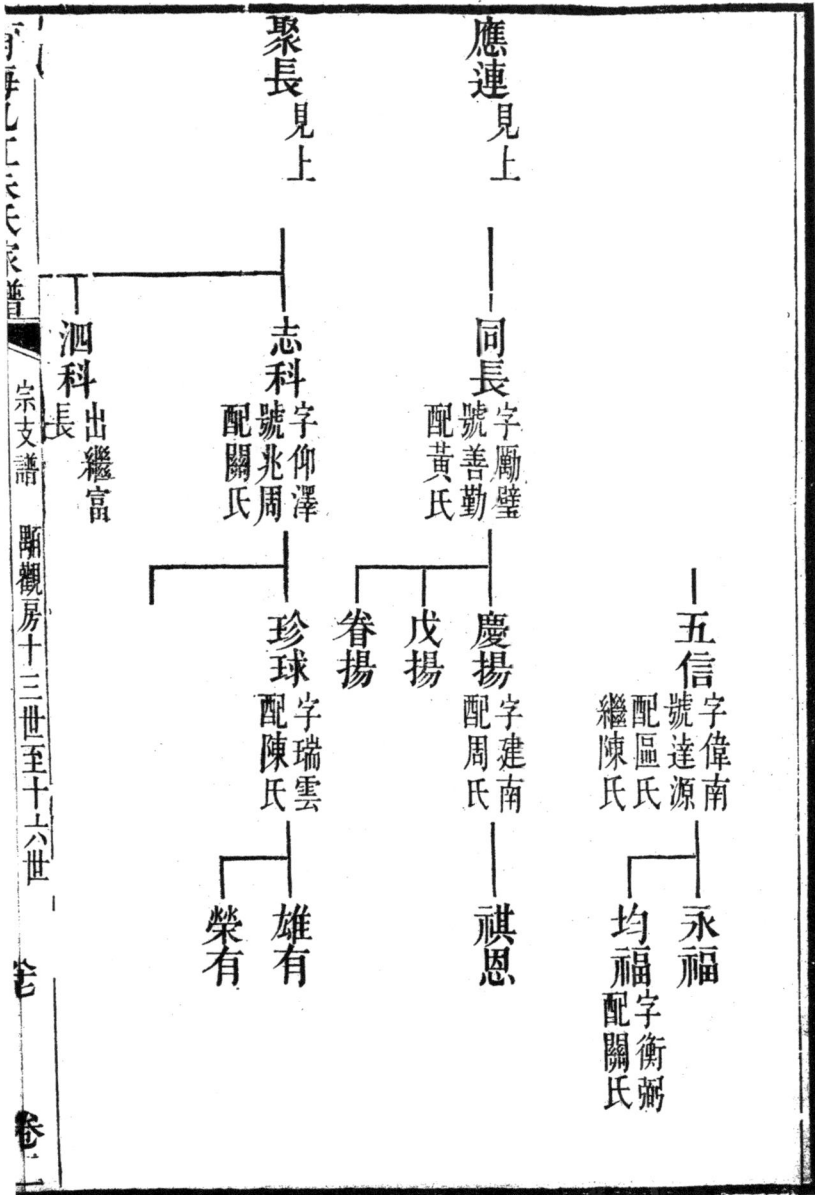

聚長 見上

五信 字偉南 號達源 配區氏 繼陳氏

同長 字勵璧 號善勤 配黃氏

志科 字仰澤 號兆周 配關氏

泗科 出繼富長

慶揚 字建南 配周氏

戊揚

眷揚

珍球 字瑞雲 配陳氏

永福

均福 字衡弼 配關氏

祺恩

雄有

榮有

智長 見上

富長 見上 立泗科繼

全科 字惠澤 號丞周 配關氏

恩科 字聖澤 號鏡波 配關氏

進科 字興滋

泗科 字昌澤 號恆周 配梁氏

章球 字掄書 號普齋 配張氏 繼關氏

崑球 字耀雲 號玉軒 配張氏

宏球 字朝書 號永康 配曾氏

連開 字暢然 號德成 配陳氏 繼潘氏 陳氏

能開

美開

濟傑 字滿然 配鄧氏

阿柱 字桂然

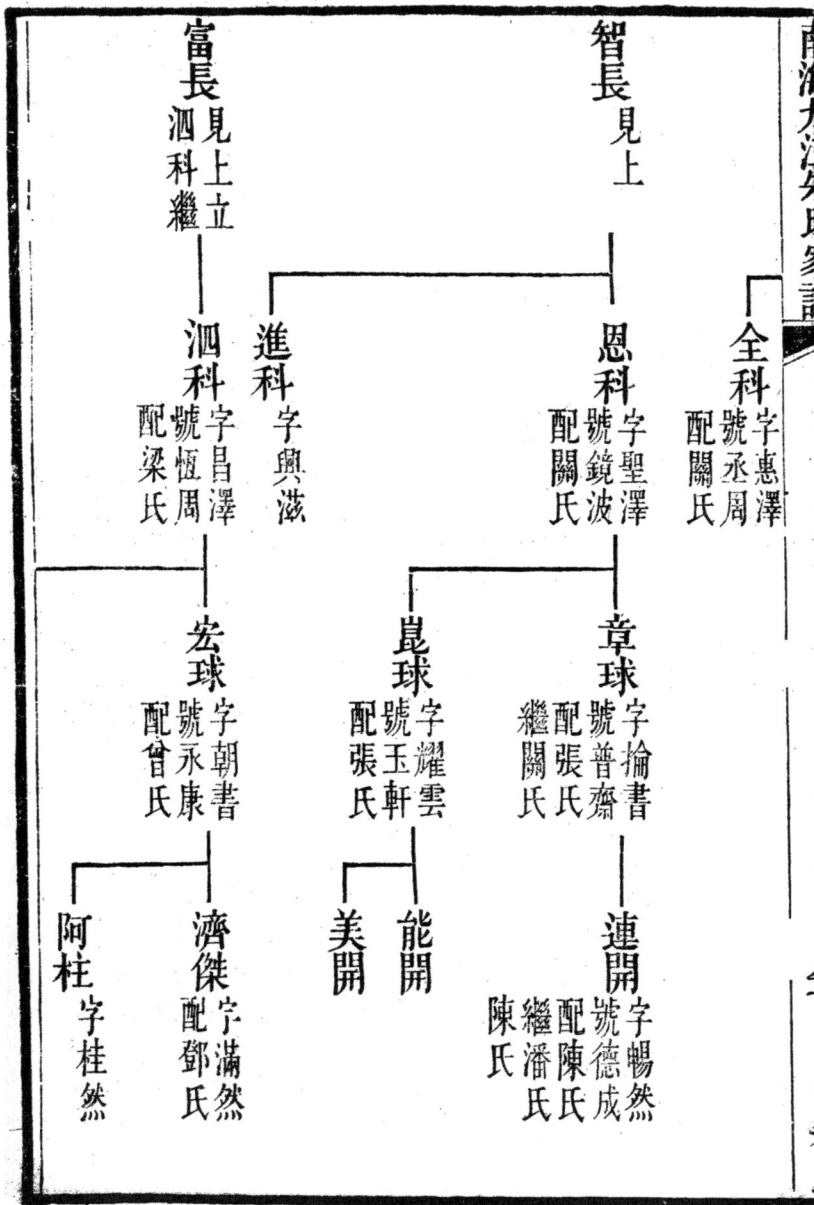

祐球 字璧書 號永福 配黃氏

發開 字太然

相開 字偉然 配鄧氏

振開 字裕然 配曾氏

錫開 字秀然

維球 字獻書 號永寧 配盧氏

千珍

萬珍 殤

望長 見上

金柏 字天澤

正壽 見上

斑珍 字宗耀 監生配

同祖 字梓堂 配關氏

定昌 字佐邦 配關氏

南海九江朱氏家譜 卷二

關氏

斑秀 字榮耀 配關氏 庶陳氏

紹祖 字秉業 配關氏 繼張氏

阿球

科壽 見上

阿苟 字昌五 配口氏 居新興 河頭

關長

二長

二苟 字超五 居新興 河頭

戊長 字慶五 配□氏 居新興河頭
　關喜
　二喜

連壽 見上
　阿二 字廷枝 配□氏 居肇慶
　阿三 字茂枝 配□氏 居肇慶

奇開 見上
　明光 居新興河頭

公壽 見上
　金祐 字聯錫 號賜亭 配關氏
　　奇新
　　明新

燦隆 以字行 原名耀新 號碧岸 壽官 配關氏 立日添繼

日添 字彬謙 配何氏

萬新 字益隆 配黃氏

閏添

日添 出繼燦隆

進添

社長 見上

金成 字南錫 配關氏

建盛 字遂隆 號雲軒 配關氏

深遠 字正培 配關氏

茂盛 字暢隆 配黃氏

秀芳 字玉培 配鄭氏

細茂

- 金章
- 桂長 見上
  - 金璧 字光錫 配鄭氏
  - 金意 字輝錫 配黃氏 繼老氏
    - 炳新 字焯隆 配黎氏 庶吳氏
      - 旺寧
  - 金孔
- 癸郎 見上
  - 起鳳
- 戊郎 見上
  - 起鵬 字凌漢 配關氏
  - 起鴻 字卓基 配曾氏

觀善 見上

新妹 字才錫 號海山 配陳氏 立元吉繼

元吉 字遠隆 號朗軒 配曾氏

安寧 字泰謙 配鄭氏

啟寧

保寧

科妹 字能錫

觀德 見上

閏妹 字盛得 配周氏 庶潘氏

觀貴 見上

萬勝 字文錫 配馮氏

遇吉

有勝 字振邦 配馬氏

仕吉 字英隆

閏勝 字盛蘭 配尹氏

觀富 見上

松勝 字壘錫 號樂純 配陳氏

連勝 字靄錫 號緝純 配關氏

迪吉 字廣隆 號夔軒 配岑氏

元吉 出繼新妹

紅吉 字景隆 配黎氏 繼立康寧

叶吉 字敬隆 號秀軒 配李氏

逢吉 字滿隆 配馮氏

汝寧 字偉謙 配黎氏

康寧 出繼紅吉

康寧 字相謙 配關氏

觀成 見上

維勝 字華邦 號昭純 配陳氏 繼劉氏 梁氏

細維 字恆邦 配陳氏

慶吉 字浩隆 配關氏

昌寧

煥寧

佳寧

德亨 見上

拔昌 字俊揚 號傑庵 配馮氏

宏望 字聲顯 配周氏

宏開 字譽顯 配關氏

德利 見上

憲昌

德貞 見上

始昌 字偉綱 號月仙 配潘氏 立海福

海福 字注東 配黄氏 繼關氏

春榮

章炑

繼

章嫦

祐昌　字倫綱　號敦常　配曾氏　庶關氏

海福　出繼始

淋福　字茂東　配鄭氏　繼關氏　庶余氏

植桂

浩福　字祥東　配黃氏

智福　字永東　配關氏　繼關氏　庶黃氏

兆玲

應昌　字仁綱　號禮常

文昭　字朝寶　配關氏

配李氏
繼李氏

奕昌
字位綱

德元 見上

豪昌
字仲綱
配□氏

時佳

德上 見上

天富
殤

孔榮 見上

金成
字翹煥
配岑氏

玉銓
字璧林
配陳氏

連松
字元參
配關氏

茂松
字維參
配關氏

錠銓

星文 見上

貴德
字儒煥
配關氏

日銓

繼李氏

福銓

富德字華煥 配黃氏

明銓

帝銓

章銓字朝陛

九銓字應時

金德字瓊煥 配張氏

妹銓

斗文見上

珠德殤

連德字成煥 配黃氏

應銓字運儒 配趙氏

勝貴

壽貴

熙貴

祐德字保煥 配關氏

能銓字漢雲 配曾氏

元銓字凱雲 配明氏

謙權

謙祥字永倫 配黎氏

謙堂

十六世

十七世

十八世

十九世

孔懷見上立湋安繼

湋安

可懷見上

湋安出繼孔懷

容安

寕安

滿安

常安

蔭懷見上

志安

國貞見上立七多繼

七多字智謀配曾氏

廷貞見上

長多

有多字其清配黃氏

永貞見上立緝多繼

緝多字榮業配潘氏

信貞見上

福多

權多　泗多 出繼朝貞　六多　七多 出繼國貞

仕貞 見上
柏多　緝多 出繼永貞

次貞 見上
三多　松多

世時 見上
學聚 字宏選 配關氏　阿聚

朝貞 見上 立泗多繼
泗多 字灼謀 配關氏

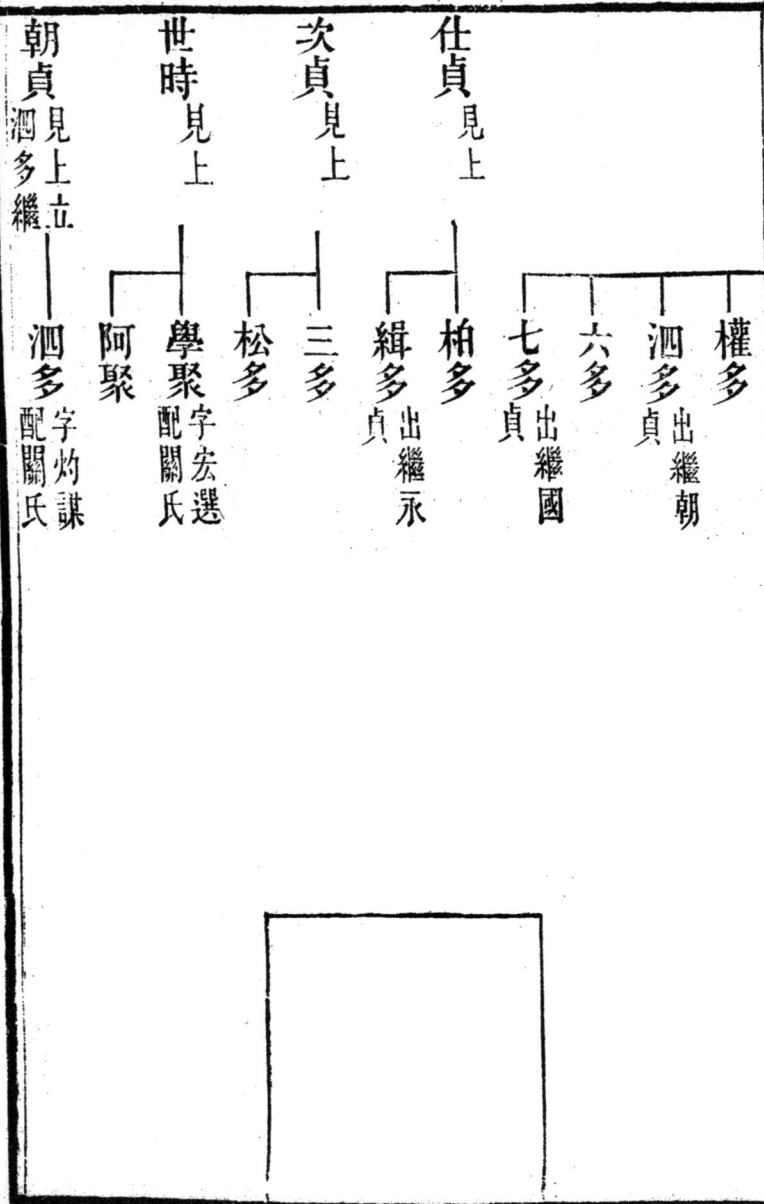

倫貞 見上

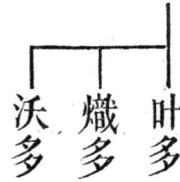

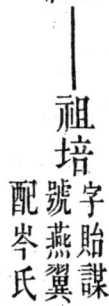

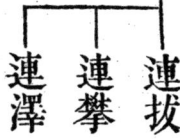

叶多

熾多

沃多

艮貞 見上

繼多

政楚 見上立祖培繼

祖培 字貽謀 號燕翼 配岑氏

連拔

連攀

連澤

凌 見上

祖培 出繼政楚

燒培 字聚隆 配黃氏

- 細雄見上
  - 始望 字裕民 號和樂 配關氏
    - 信謙
- 維楚見上
  - 元貴 字偉隆 號卓軒 從九品 配關氏
    - 富榮 字華滔 配黎氏
    - 錫揚 字釗雄 又字庚培 號子田 配關氏 庶陳氏
      - 英娣
      - 林娣
      - 祐娣
- 翹楚見上
  - 饒貴
- 志楚見上
  - 鸞鑣 字珮玲 號逸羣 配曾氏 庶陳氏
    - 仕榮
    - 熾榮

成楚見上
鸞岳字舜琋 號阜根 配關氏
堂榮

惠楚見上
壽貴字玉成 號寶珍 配麥氏

十弟見上
細庚

亮鏞見上
閏貴字浩然 號得垣 配黃氏
煥章
鉅章

夔鏞見上
同興字佐揚 號子涯 配曾氏
海貴字湛揚 號澄岸 配黃氏

- 鈞鏞 見上
  - 長貴 字佳揚 號澤川 配關氏
    - 樑禧
    - 燦禧
    - 朝禧
  - 添貴 字俊揚 號宏川 配陳氏
    - 照禧
    - 棉禧
  - 森貴 字傑揚 號英華 配岑氏
    - 才禧
- 賡鏞 見上
  - 賢貴
  - 韜貴
  - 韶貴
- 恩隆 見上
  - 存周

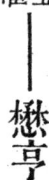

存成

恩有見上
存保
存德

海岐見上
懋佳
懋亭出繼居岐
懋埠

居岐見上立懋亭繼
懋亭

璧岐見上
望伶

寶岐見上
容昭

錫岐見上
汝昭

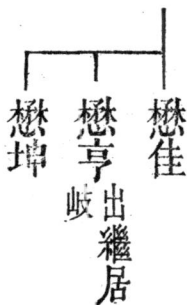

壬昭
能昭
申昭

西球 見上 立可成繼
— 可成 字佩均 配黃氏

北球 見上
— 可張 字佩文 配關氏
　— 譽留
— 可垣

貴球 見上
— 可俊 字佩謙 配岑氏
　— 譽文
— 可成 出繼西球

炳球 見上
— 可銘

可實 出繼戊球

可接

可管

可燃

戊球 見上立可實繼
—可實

春球 見上
—可高 字振融 配關氏 庶關氏

秋球 見上
—可焜 字佩融 配關氏 庶李氏

閏球 見上
—可望 殤

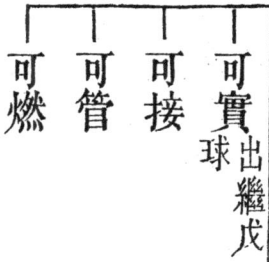

福球　見上
- 可强　殤

政球　見上
- 可貢
- 可騰

二珍　見上
- 森桂　字佩松　配曾氏
- 炎桂
- 聯桂

三珍　見上
- 陽安
- 麟安　字佩祥　配關氏
- 熾安
- 韶安
- 鋭安

登安
相安

四珍見上
- 木安
- 銓安

庭森見上
- 可鍇 字佩賢 配關氏
  - 效文 字濬源
  - 啟文 字發源
  - 燿文
  - 錘文
- 可竪 字佩璁 配潘氏 繼關氏
  - 鎏文
  - 鴻文
- 杰 原名可錡字佩

見上

瓊監生
配關氏

可瞻

可巘

逢貴 見上

朝生 殤

堯生

才貴 見上

葵生 殤

坤隆 見上

新妹

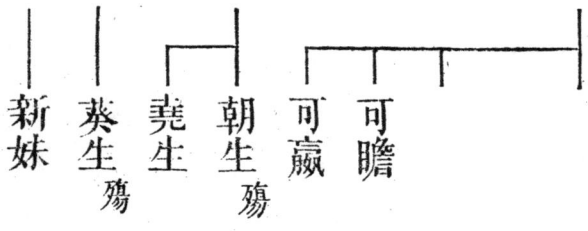

恩隆見上
　｜
　雋生字騰驤　配岑氏
　　｜
　　含章

錦元見上
　｜
　永安
　如江

祖珍見上
　｜
　可邦

錫球見上
　｜
　可還
　可仁
　可照
　可康
　可前

杏球見上
　｜
　可寧
　可樂

可餘

京文見上

恩科 字愛業 號樵隱 配梁氏 繼關氏 立良新繼

良新

連科 字維業 號樂隱 配郭氏

良新 出繼恩科

直秀見上

柱林 字注業 號平生 配李氏

燦堂 字耀德 配關氏

壽齡

長齡

福齡

儲秀見上

相林 字鳳翔 號夌生 配李氏

遠秀見上
松林字洪業
配郭氏
昭林字佐業
配胡氏
綿新

世中見上
廣大字榮彥
號安隱
配關氏
茂新外出

高興見上
奕林字依彥
號懷生
配胡氏
仁新字致德
號意堂
配關氏
繼梁氏
麥氏
錫齡
維新字峻德
號輝堂
配曾氏

日新 字同德 號順堂 配郭氏

章齡

能新 字葆德 號洪堂 配譚氏

從齡

健齡

賢新 字全德 號生堂 配關氏

恆新 字炳德 號滿堂 配關氏

次齡

二新

昇 見上

壬 字定華 號東生 配顏氏

戊葵

興葵

福葵

汝光 見上
怡滿 字定朝 配胡氏
連就

汝卓 見上
輔祺 字信彥 配何氏
文鴻

璧錦

壬春 見上
承祖 出繼沭春
秩祖 字宗韶 號序軒 配關氏
觀挺
耀祖 字宗榮 號淮軒 配程氏
儀挺
祥祖 殤

沛春 見上立承祖繼

承祖 字宗漢 號雲軒 配關氏

逢春 見上

攜科 字濟經 配關氏

直剛 見上

灼熊 字俊時 配梁氏

初喜

光喜 出繼柏熊

柏熊 字協時 配黃氏 立光喜繼

光喜

昌賢 見上

添勝 字倫佳 配岑氏

緝光 字顯庸 配曾氏

長斌 見上立國鵬繼

國鵬 字倬謙 配鄭氏

文壎

初憲 見上

國福 字朝謙 號純軒 配吳氏 繼李氏

國如 字仁謙 號藹亭 配關氏

國海 字湖謙 號滄涯 配梁氏

文駒

文貝

文占

光迪 字相康 配關氏

鍾彥

光渠 殤

光進

光達

春臨見上

國材

國善

國稷

國壽
字禮謙
號月軒
配潘氏
庶郭氏

瀚
原名國
泉字鳴

文泰
字履康
號冰臣
配曾氏
繼鄭氏

文瓚
字韶康
配曾氏

文淦
殤

文湘

文堯
殤

謙號鶴亭監生
配陳氏

文鑣

文漢

國滔
字浤謙
號曉帆
配李氏
繼關氏
庶鄧氏
陳氏

文渙

文湛

國恩
字錫謙
號少屏
例待詔
配黎氏
庶胡氏

文郁
字時康
配陳氏

品亭

文賜

文灌

文鏗

文勝

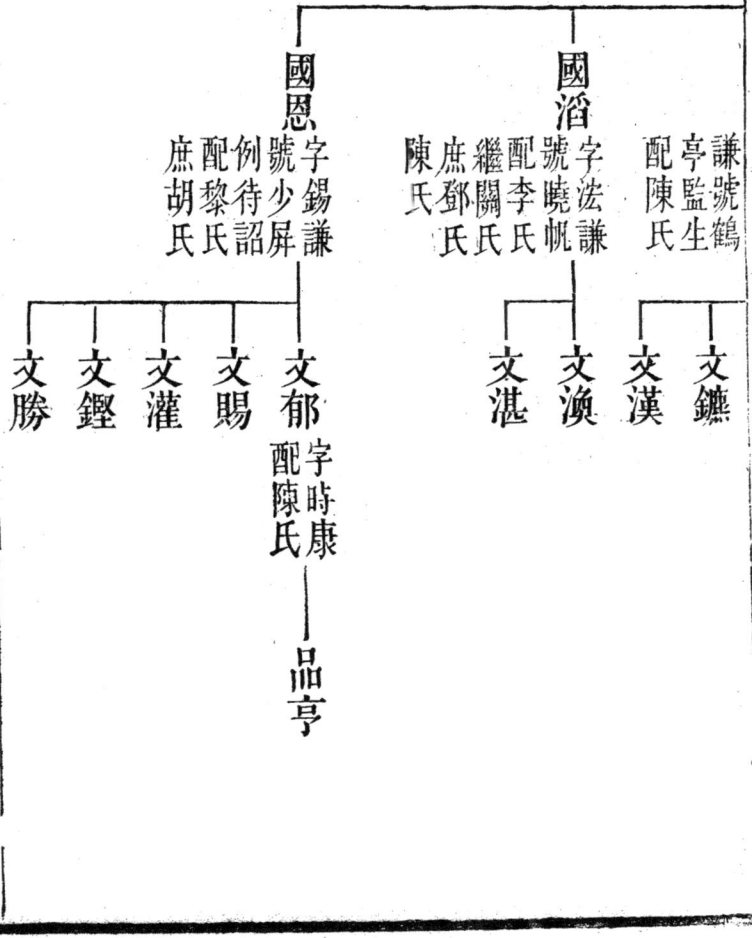

初禧見上

國仕字偉謙號少亭配黄氏

文鍇

文聰殤

文科

國信殤

國鵬出繼長斌

初祝見上

國悦字懷謙配張氏

國森字暢謙配吴氏

文保

初裏見上

國源字澄謙號碧湖配黄氏

文植

文錦

國釗 字庸謙 配梁氏
國炳
國權 殤

初祺 見上
- 國焜 字榮謙
- 國銓
- 國樑

初顯 見上
- 貢梅 字松謙 號翠崖 配黎氏
  - 汝和
  - 汝樂 字敬康 號德所 配黃氏
    - 潤根 殤
    - 熾瑒 殤
    - 熾雄
    - 熾鏐

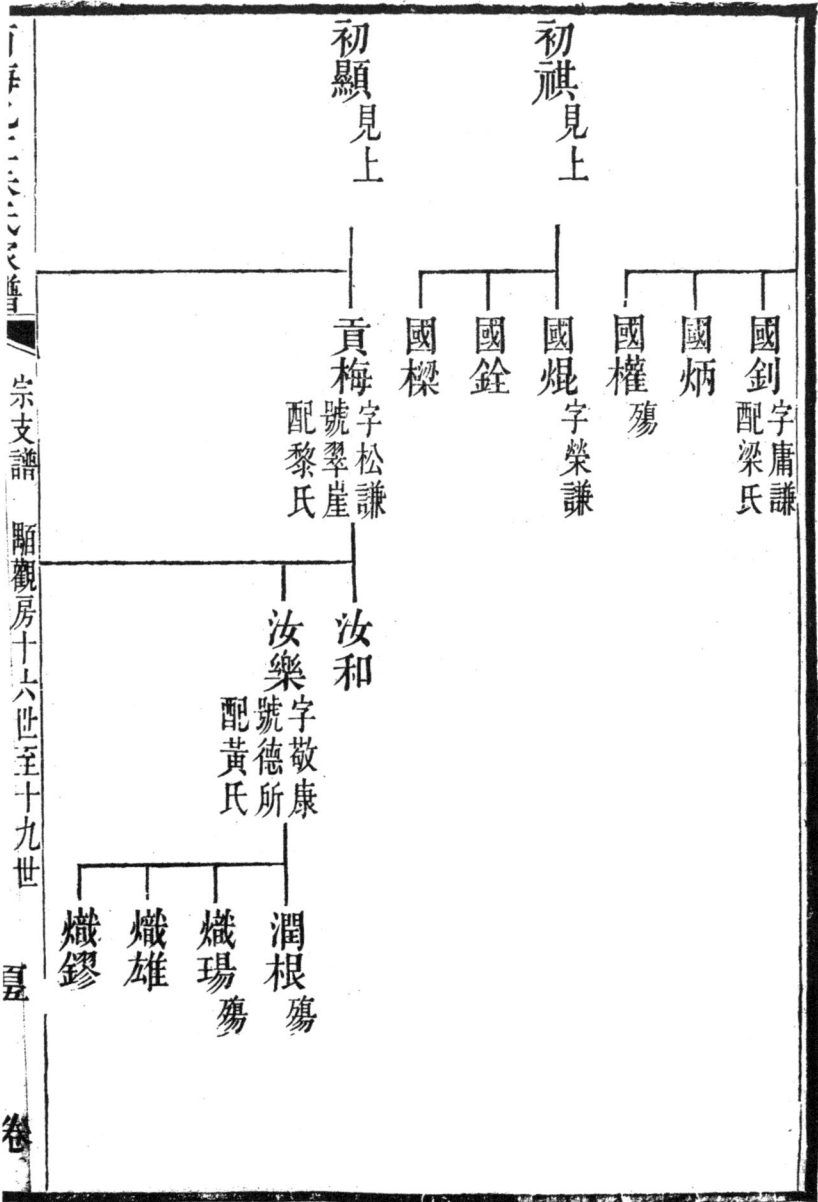

初榮 見上 立杏梅繼

星桂 見上

明桂 見上

杏梅 出繼初榮

杏梅 字能謙 號幹卿 配李氏 守節 立汝安繼

廣弟

才弟

鍾弟

添弟

汝安 出繼杏梅

汝培 殤

汝言 殤

汝安 字傑康 號貞庵 配黃氏 庶曾氏

熾垣

熾齡

熾芬

戊桂見上

貢生字爲謙配馮氏

文獻

新弟

蔭清見上

漳錫

燦清見上

輝錫外出

紹祖見上

芝貴字秀敷號實庵壽官配關氏庶馮氏

如祐

如熾出繼喜貴

如輝殤

如登

如璧出繼德貴

炎貴字明敷配關氏

如允

騏祖見上

喜貴字佐敷配關氏立如熾繼

如熾

仁甫見上

作林字培熯號赤城配張氏

張照

張異出繼義林

張發出繼細林

細林出繼甘艮

祿貴字信敷號秋圃配關氏

如正

德貴字宴敷號梓閒配關氏立如璧繼

如芬殤

如璧

其純見上
義林字家英 配梁氏 立張異繼
張異

其良見上立細林繼
細林字進瑛 配麥氏 立張發繼
張炳殤
張發

潤炘見上
坤元字直敷 配李氏

松齡見上
英權出繼松盛
章泰字錕堯 配黎氏

松盛見上立英權繼
英權

松年見上
家應字永敷 配關氏

家舉
世元

懷漢 見上立萬富繼
萬富 字德輝 配關氏
炳志
炳然

懷信 見上
萬富 出繼懷漢
萬活 字誠輝 配關氏
炳新

懷能 見上
萬高 字祥輝 配關氏
炳庚

金富 見上
家孫 字正華 配鄧氏
春培

樹榮 見上
家傳

求貴 見上
汝榮 字華傑 配關氏
餘慶
汝潮 字浩泉 配梁氏
家勤

懷舒 見上
章洪
章驥 出繼聯舒

寧舒 見上
恩洪
寶洪

聯舒 見上 立章驥繼
新洪 殤
章驥

社貴 見上
汝衡 字艮翰 配關氏
鍾靈

汝亮 字國翰 配黄氏

汝楫

汝權

汝彬 外出新會

錫榮

有貴 見上

汝昌 字輝翰 配潘氏

容保

汝昭

汝貞 字晉祥 配蔡氏

旺啟 見上

聖保

賢保

世保

浩源見上

新貴字昭文配曾氏繼明氏

添貴殤

璇貴字啟文配關氏

星貴

浩瀾見上

滔貴

洪恩

洪典

浩發見上

華貴字仕君配任氏

容貴

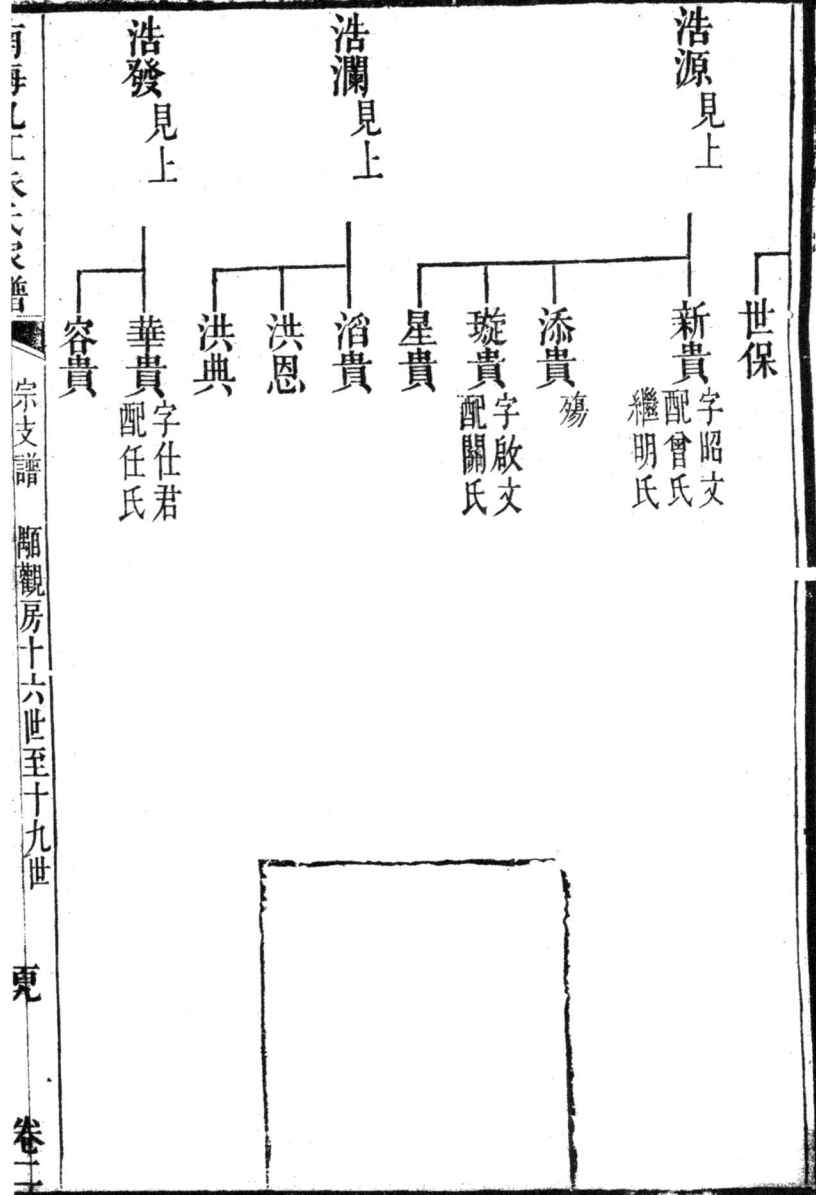

福儒見上

貢保

永保

才先見上

會昌字廣德配張氏

高養

勤養

富先見上

權昌

世昌

應昌

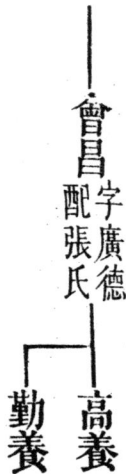

祖望見上立禎福繼

禎福字煥禧配潘氏

國良

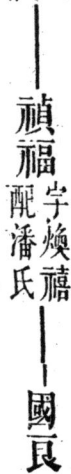

宗望見上

禎福出繼祖望

敬福

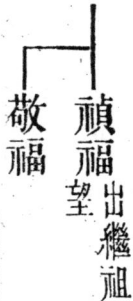

□□見上 子振昌

科元 字朝舉 配關氏

有元

意元

□□見上 字偉宗

德貴 出繼□□

明貴 字燕華 配岑氏 — 耀昆

五貴

深貴 殤

垣貴 殤

亮貴

彥貴 殤

□□見上立 字廣宗

德貴 字聖華 配鄧氏 — 錦昆

南海九江朱氏家譜

德貴繼

啟祥 見上

- 湛標
- 才標 外出

連興 見上

- 廷瑞 字彬華 號璧堂 配任氏
  - 樹槐 字永基 配李氏
  - 樹培 字廣基 配任氏
- 文瑞 字圜華 配李氏
  - 樹楦
  - 樹楷
- 人瑞 字岳華 配李氏 庶徐氏
  - 樹應
  - 樹周
  - 樹成

翎瑞 字殿華 配李氏

金瑞 字富華 配馮氏

樹恩

兆瑞 字彩華 配李氏

連榮見上

鉅瑞 字翰華 配李氏

樹昌

傑瑞 字俊華 配馮氏 繼李氏 馮氏

樹明

樹顯

樹政

連乙見上

德瑞字璧華聘關氏配關氏

其瑞

純享見上

騰芳字輝貽配關氏繼鄧氏

鴻鈞

潤鈞

海芳字錫貽配岑氏

榮鈞

鵬芳

有寧出繼熾享

熾享見上立有寧繼

有寧

燠貫見上

揚青字德貽配徐氏

知仁殤

庶潘氏
- 知義
- 知禮
- 知智
- 知信

萬興 見上 立金勝繼
- 金勝 字應貽 配盧氏

六正 見上
- 燦文 字忠貽 配關氏
- 金勝 出繼萬興
- 有炎

梁成 見上
- 坤志 字德貽 配馮氏

咸大見上
- 裔蕃 字燕貽 配郭氏
  - 元進
  - 元彪
  - 元志
- 惠蕃

廣大見上
- 梓貴

長大見上
- 寬貴 字惠貽 號伯容 配胡氏 繼關氏
- 戊貴

宏章見上
- 偉球 字全璧 配關氏
  - 炳艮 殤
  - 庚艮

禮球 字儀璧 配黃氏

弼艮 外出香山
信艮 外出新會
深艮
兆艮
照艮

卓貢 見上
安保

維民 見上
桓保 殤

新芝 見上
永清 出繼靄芝
永富 殤
永椿

靄芝 見上去 永清繼
永清 字弼予 號四海

南海九江朱氏家譜 宗支譜 卿毅房十六世至十九世 三十三

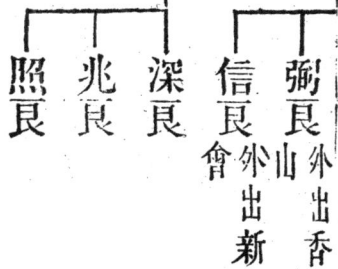

配黄氏

祥芝見上立永年繼

永年字澤充配李氏

芳芝見上

永年出繼祥芝

永觀

永杰

秀芝見上

永熙

永祐

永開見上

康寧字鶴鳴配關氏繼劉氏

寶寧字鶴聯配關氏

繼黄氏

榮開見上

相培字殿良
配關氏
繼鄧氏

浩培字遠良
配陳氏

遇貴

遇朝

緝熙見上

盛培字湛良
配曾氏

同開見上

禮培字悦良
配李氏

杞培字耀良
配吴氏

與才 見上

錫彰 字榮蔭

福彰 字華蔭

次開 字元啟 配曾氏

熾南 見上

純開 殤

應祖

登貴 見上 立成開繼

成開 字肇基 配曾氏

全貴 見上

成開 出繼登貴

茂開 字顯庸 配關氏

惠祥

敏祥

進開 出繼海貴

海貴見上立進開繼——進開字正基配關氏

玉貴見上——明長、宏長

汝洪見上——和長

九洪見上——杏長、如長

藉彰見上——根長、來長、能長、仕長

南海九江朱氏家譜

藉壽見上
- 棉長
- 仁長

廣蒼見上
- 照能 外出新會
- 照明 殤

添福見上
- 照倫

秋榮見上
- 仲明

惠柏見上
- 郁林

以安見上
- 贊韶
- 贊脩
- 贊勷

以可見上
- 贊禹

賛勇

賛廷

林興見上 —— 章字

景孫見上 —— 瑞字

乾孫見上 —— 康字

孔貴見上 —— 已寬字永良配張氏
　　　　 —— 仕寬
　　　　 —— 喜寬

蚕家見上 —— 冬寬
　　　　 —— 添寬

祿貴見上 —— 輝明

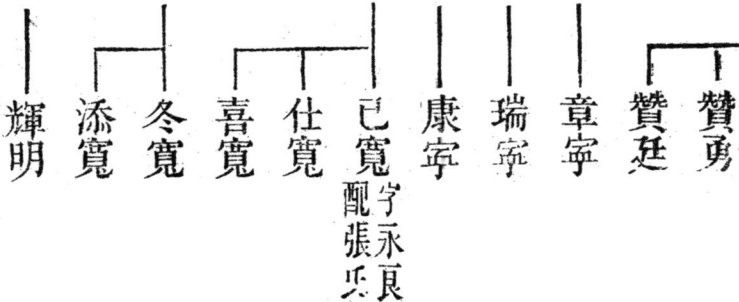

湖錦見上
- 仰賢
- 忠賢

成志見上
- 星賢

洪志見上
- 能賢
- 次賢
- 深賢

錫禮見上
- 敬祖
- 章祖
- 瑚祖

德恩見上
- 湘培

炎恩見上
- 相培 殖

煥培

洪培

官恩見上

祖培 字澤芳 配曾氏 繼黃氏

文田

福田

天恩見上

家培 字楠芳 配黃氏

文鏕

鑑培

秩培 殤

詔恩見上

壽柯 殤

宗培

承恩見上

業培

世恩見上

仕培

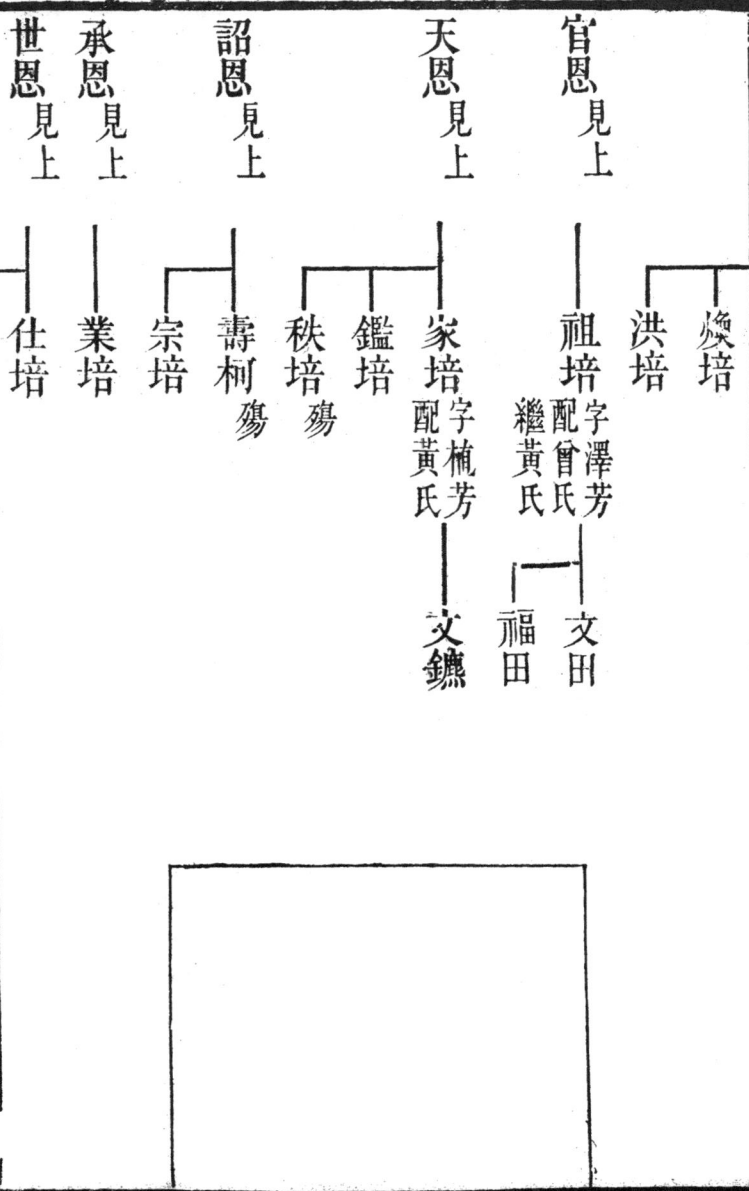

俊培
偕培殤
傑培殤

龍恩見上
釗培
浩培
沃培
達培
康培
聖培

開恩見上
作培

洪福見上
双興

景福見上

　協興

連開見上

　貢珍 字秉階 配老氏

　　同長

　璇珍 字鴻階 配張氏

　　庚長

　　秋長

　寶珍 字協階 配彭氏 庶李氏

　如珍

相開見上

　海安

　日安 出繼振開

振開見上立日安繼

　日安

定昌見上

國柱字德芳 配黃氏

成柱

秀芳見上

岐冬

汝寧見上

始成

喜成

新成

康寧見上

如成

貢成

茂松見上

錦錫

求錫字信行 配黃氏

芳錫
聯錫

世絕無屬

瑞麒 南所公曾孫據本墓碑　以上九世　王俊 樂素公孫據本墓碑　以上十世　萬疆　萬瑞　萬柏 並樂素公曾孫據本墓碑　貴夫 配鄭氏　富培 配關氏　浩培 配陳氏

並召台公曾孫據採訪　以上十一世　瑞昌 會存公孫據採訪　扶遠 配張氏　有光 配陳氏

並召台公元孫據採訪　以上十二世　蓮芳 荊玉公曾孫據本墓碑　興滋 召台公來孫據採訪

伯乾 南豪公孫據採訪　以上十三世　珠 字兆泰配周氏　福　連元　履和 配關氏

連潤 並景存公曾孫據採訪　朝發 飛雲公孫據採訪　殿爵　豪爵 並荊玉公元孫據採訪

孔詒　振詒 並荊宇公元孫據採訪　繼盛 禎壇公曾孫據採訪　聖福 淡溪公曾孫據採訪

志勝　宜錫 並南豪公曾孫據採訪　以上十四世　嵩祐 會江公曾孫據採訪

學海　學泗並北渚公曾孫據採訪　挺茂　傑茂　連茂　活茂　宗保

茜荆宇公來孫據採訪　瓊珍淡溪公元孫據採訪以上十五世　憲貞蒼石公曾孫據採訪

迪春景化公來孫據採訪　昌貴　昌貢並翔仕公孫據採訪　阿餘字敘祺致雲公元孫據採訪以上十六世

貴元西洲公裔據採訪　朝光　魯南並念岡公裔據採訪　成

遇滄洲公裔據採訪　卓元鑑池公裔據採訪　力富召台公裔據採訪以上世次無考

南海九江朱氏家譜卷二終